Diary of the Soul,
Frida Kahlo

프리다 칼로, 내 영혼의 일기

프리다 칼로, 내 영혼의 일기
Diary of the Soul, Frida Kahlo

1판 1쇄 발행 2016년 6월 8일
1판 5쇄 발행 2021년 4월 6일

프리다 칼로 씀
안진옥 옮기고 엮음
펴낸곳 도서출판 비엠케이

편집 박신혁 **디자인** 아르떼203
제작 (주)재원프린팅

출판 등록 2006년 5월 29일(제313-2006-000117호)
주소 서울시 마포구 성미산로 10길 12 화이트빌 101
전화 02) 323-4894 **팩스** 070) 4157-4893
이메일 arteahn@naver.com

값은 표지에 있습니다.
ISBN 979-11-955415-2-2 03600

「이 도서의 국립중앙도서관 출판시도서목록(CIP)은 서지정보유통지원시스템 홈페이지(http://seoji.nl.go.kr)와
국가자료공동목록시스템(http://www.nl.go.kr/kolisnet)에서 이용하실 수 있습니다.(CIP제어번호: CIP2016012680)」

프리다 칼로, 내 영혼의 일기

Diary of the Soul, Frida Kahlo

프리다 칼로 씀 ✳ 안진옥 옮기고 엮음

Book

1. 프리다 칼로를 만나다

　　아르헨티나의 작가 알베르토 망구엘(Alberto Manguel)은 "우리가 그림을 보는 이유는 그 안에서 우리 자신의 경험을 발견하기 때문이다."라고 말했다. 처음 프리다 칼로의 작품을 접했을 때, 나는 이 말이 아주 적절한 표현이라고 생각했다.

　　프리다 칼로는 "나는 내 현실을 그린다."라고 말했다. 나는 프리다가 말한 그 현실을 알고 싶었다. 자화상 속에서 망망한 허공을 응시하는 프리다의 강렬한 눈망울은 삶의 고통과 아픔을 짊어지고, 인생과 정면으로 대치하며 살았던 여인의 그것이다. 그래서일까? 그녀의 이야기는 듣는 이로 하여금 자꾸만 다시 곱씹게 만든다. 불안 가득한 이 시대에, 그녀를 통해 위로받고 싶기 때문일까? 나약함으로 점철된 우리와 달리 그녀는 삶에 대한 에너지이자 의지 그 자체였기 때문일지도 모른다. 혹은 정준명의 글처럼 그녀는 모자란 인생을 살다 갔고, 우리는 그녀가 남긴 인생을 살고 있기 때문인지도 모른다.

　　그녀의 삶은 고통 그 자체였다. 망가져 가는 육체와의 지루한 투쟁이었으며, 사랑의 배신 속에서 자아를 찾아가는 여정이었다. 그녀의 인생을 관통하는 두 가지 핵심 키워드가 바로 이것이다. "병든 육체와의 투쟁", 그리고 "사랑의 배신". 하나는 그녀에 대한 담론에서 빠질 수 없는, 그 저주스러운 교통사고로 인한 것이고, 다른 하나는 그녀의 사랑, 운명의 반쪽, 디에고와의 만남으로 인한 것이다.

프리다는 1907년 멕시코 혁명이라는 역사의 소용돌이 속에서 태어났다. 여섯 살 때는 소아마비를 앓았다. 의사를 꿈꾸던 국립예비학교 시절의 어느 날, 정확히는 그녀가 열일곱 살 되던 해인 1925년 9월 17일 멕시코 독립기념일에 사고가 났다. 프리다는 당시 남자친구였던 알레한드로와 함께 버스를 탔고, 그 버스는 소치밀코행 전차와 충돌했다. 전차의 철재 난간이 부러져 그녀의 옆구리를 뚫고 골반을 관통하여 질로 빠져나왔다. 골반뼈는 세 동강이 났다. 요추의 세 곳, 그리고 쇄골과 갈비뼈가 부서졌고, 왼쪽 다리에는 골절이 열한 군데나 있었다. 오른발은 탈구된 채 으깨졌다.

이처럼 끔찍한 사고에도 불구하고 프리다는 강인했다. 그녀는 "죽음이 나를 이기지 못하도록, 나는 죽음을 놀리고 비웃는다."라고 말하곤 했다. 가족들에게조차 자신의 고통을 감추었고, 늘 사람들 앞에서 유머러스하고 쾌활했다.

프리다의 인생을 뒤흔든 또 하나의 사고는 바로 디에고와의 만남이다. 당시 디에고는 42살의 유부남이었고, 프리다는 21살이었다. 이러한 여건의 차이에도 불구하고 둘은 운명적인 사랑에 빠지게 된다. 그러나 디에고는 소문난 바람둥이였다. 그는 결혼 후에도 변함없이 염문을 몰고 다녔으며, 프리다를 평생 괴롭게 했다. 무엇보다도 동생 크리스티나와의 불륜은 프리다에게 죽음보다 더 가혹한 고통을 안겼다. 이러한 심정은 칼로 가슴을 찌르는 듯한 고통을 표현한 〈찢어지는 가슴〉, 화살이 심장을 관통하는 것 같은 고통을 표현한 〈추억〉 등에서 생생히 드러난다.

첫 번째 이혼 후 그녀는 더 이상 디에고의 아내가 아닌, 온전한 자기 자신으로 홀로 서는 법을 배우게 된다. 그녀는 "지금까지는 디에고를 사랑하느라 인생을 소모했고, 일에 있어서는 쓸모없는 인간이었지만, 이제는 디에고를 계속 사랑함과 동시에 진지하게 원숭이를 그리려 해."라고 말하기도 했다. 또한 내면에 대한 성찰, 세상을 바라보는 관점, 예술적 자아확립 등을 작품을 통해 증명하고자 한다.

그녀의 그림은 사회적으로 많은 반향을 일으켰다. 칸딘스키는 프리다의 그림에 감동한 나머지 전시장에서 눈물을 흘렸다고 한다. 또한, 피카소는 프리다가 파리를 떠날 때까지 그녀와 그녀의 그림이 가진 매력에서 벗어나지 못했다. 반대로 거부반응도 상당했다. 그녀의 그림은 소위 일반적이지 않았기 때문이다. 그녀의 그림에는 병과 고통, 사랑의 아픔 등이 너무 적나라하게 녹아들어 있었다.

그녀의 그림에는 당시 유행한 공산주의도 반영되어 있었다. 사실 프리다는 늘 디에고를 통해서 정치를 보았는데, 그의 정치성향이 공산주의에 치우쳐 있었다. 이 영향으로 그녀 역시 1928년 공산당의 당원으로 등록한다. 하지만 정치적 사안에 대한 주관이 없었던 것은 아니다. 그녀는 많은 독서량을 가지고 있었고, 자본주의 이론에 해박했다. 그런 그녀에게 공산주의는 세상을 바꾸기 위해 꼭 필요한 이데올로기였다.

또한 그녀는 고대 아즈텍 문명의 설화 혹은 신화를 혼합하여 자신만의 회화 언어를 만들어냈다. 이 역시 디에고 리베라의 영향을 무시할 수 없다. 그는 공산주의자이기도 했지만 엄밀히 말하자면 민족주의자였다. 그는 그림이 팔려 수입이 생기면 무조건 도굴범들로 인해 무너져 가는 문화재를 보수했고, 멕시코 전통 유물, 토기들을 사들였다. 프리다는 그런 그를 전폭적으로 지지했다. 특히 그녀는 멕시코 혁명(공산주의에 영향을 받은)을 고대 아즈텍, 마야 문명의 발생지인 멕시코에게 있어 새로운 기회, 즉 세계적 문명이 부활하는 계기가 될 것이라 생각했다.

1964년에는 이 부부가 수집한 유물들을 기반으로 인류학 박물관이 설립되어 일반에게 공개되기도 했다. 아나우아칼리(Anahuacalli) 박물관이 바로 그것으로, 외관상의 특징으로 인하여 '피라미드'라고도 불린다. 이 박물관은 멕시코에서 가장 훌륭한 박물관 중 하나이며, 실제로 국립인류 박물관보다 소장품 면에서 뛰어난 점이 많다.

2. 프리다, 영혼의 일기

"어떤 미(美)를 이야기하는 것인가? 어디에 미가 있는가? 부서지고 흐르는 피 속에서, 눈물 속에서 어떤 아름다움을 찾고 있는가?

만약 프리다가 자신의 일기가 출판되리라는 것을 알았다면, 그녀는 결코 그것을 원치 않았을 것이다. 일기란 자아의 아주 은밀한 속삭임이며, 무엇보다도 자신만을 위한 글이기 때문이다. 1995년, 그녀가 살았던 푸른 집 욕실에서 발견된 이 일기는 카를로스 푸엔떼와 사라 로에의 코멘트와 함께 인쇄되어 세상에 나오게 되었다.

생전에 프리다는 쉰다섯 점의 자화상을 남겼다. 이는 전체 작품의 1/3에 해당하는 양이다. 대부분의 예술 작품이 그러하듯, 여기에는 타인의 시선에 대한 의식과 그에 따른 많은 시간과 정성이 깃들어 있다. 하지만 일기는 다르다. 일기는 누군가에게 보여주기 위한 것이 아니다. 자신만의 글이고, 자신만을 위한 글이다. 그리고 그만큼 쓴 사람의 내밀한 속내를 가감 없이 드러내는 글이다.

미국 작가 헨리 제임스(Henry James)는 "좋은 이야기는 그림과 관념으로 이루어져 있다. 그림과 관념이 많이 혼합되어 있을수록 이해하기가 한결 쉽다."고 했다. 마치 프리다의 일기를 두고 한 말 같다. 그녀의 일기에는 작품만 보아서는 알 수 없는 일상적인 이야기들, 감정들이 진술하게 서술되어 있다. 또한 그 의미를 파악하기 힘든 기호, 문양, 그림들이 혼재해 있다. 일기 속의 몇몇 글과 그림은 어떤 면에서 그녀의 대표작들보다 더 강렬하기도 하다.

모든 예술 작품은 딜레마를 가지고 있다. 작가가 무엇을 표현하고자 했든, 그것을 보는 사람들은 제각기 다른 의미로 받아들이기 때문이다. 따라서 대부분의 사람들은 작가의 생각을 궁금해 한다. 나 역시 프리다의 강렬한 작품을 이해하기 위해 그녀의 일기장을 펼쳐 보기 시작했다. 그녀의 일기는 일종의 작가노트이다. 이는 곧 그녀의 작품을 이해하는데 가장 좋은 길잡이라는 뜻이다. 작가가 직접 서술한 작품의 창작 배경이기 때문이다. 실제로, 이 일기는 오늘날 그녀를 이해하는데 가장 중요한 자료이다. 여기에는 그녀의 근심과 고독, 정치적 신념, 작가로서의 자세는 물론, 디에고에 대한 사랑, 죽음에 관한 생각 등이 솔직하게 표현되어 있다.

그녀의 일기는 1944년부터 1954년까지 대략 10년에 걸쳐 작성되었다. 일기를 처음 쓰기 시작하던 당시 그녀의 건강은 매우 나빴고, 그로 인해 침대에 누워있는 시간이 늘어났다. 그때, 그녀는 본격적으로 일기를 쓰기 시작한다. 다만 매일 쓴 것도 아니고, 장(張)과 장 사이의 순서를 지킨 것도 아니었다. 그녀는 일기장에 쓴 글이나 그림에 추후 다른 요소들을 첨부하기도 했다. 예를 들어 80페이지의 그림을 보면, 그림 위에 "예상치 못한 현상"이라는 문구가 적혀 있다. 예전에 자기가 그린 그림을 보고 스스로 놀라서 적은 것이다.

프리다에게 있어 일기는 단순한 일상의 기록이 아니었다. 하나의 카타르시스이며 정신적 치료의 수단이었다. 그녀는 일기를 통해 부서진 척추, 그리고 그녀를 너무나도 괴롭게 한 세 번의 유산 등을 곱씹었고, 그것을 극복하려 했다. 이를 반영하듯, 일기에 실린 글과 그림 대부분의 테마는 성(Sexo), 임신, 탄생, 신체적 고통이다. 수채화, 스케치, 시구(詩句), 메모 등 표현의 형태도 다양하다.

특히나 "고통"은 그녀에게서 빼놓을 수 없는 주요 테마였다. 고통에 대해 그녀만큼 할 말이 많은 이가 있을까? 다만, 앞서 말했듯이 그녀는 강인했다. 그녀는 자신의 고통을 일종의 통과의례로 생각했다. 고통을 자신의 죄를 씻기 위한 제의(祭儀)이자 부활의 기반으로 생각한 것이다. 이는 그녀가 레타블로(Retablo)라는 봉헌화의 양식을 자신의 자화상 등에 적극 차용한 것에서도 드러난다. 그녀의 그림에 있어 가장 많은 영향을 준 이는 아버지 기예르모 칼로이다. 그는 18~19세기에 유행했던 초상화적 사진 기법으로 고객들의 사진을 찍는 사진작가였다. 프리다는 바로 이 기법을 차용하여 레타블로 양식의 그림을 그리고, 그에 맞는 감정을 글로 적었다. 자신의 고통을 돌보아 준 신, 또는 성인(聖人)들에게 그림과 글을 바쳐 감사하는 레타블로 양식을 자신만의 스타일로 만든 것이다. 이로 인해 그녀는 고통에 대한 자신의 감정을 단순화하고, 아이콘화(化)하여 작품 속에서 자유롭게 표현할 수 있었다.

디에고 리베라에 대한 사랑도 빠지지 않는다. 어쩌면 "고통"이라는 테마보다 더 자주, 더 빈번히 일기에서 다뤄진다. 어떤 글에서는 그에 대한 사랑을 거의 신앙에 가깝게 표현하는가 하면(45페이지), 마치 어머니처럼 절절한 어조로 그를 아들이라 부르기도 한다(112페이지).

일기에 실린 그림은 잉크, 연필, 크레용을 이용한 그림, 수채화, 과슈 스케치 등을 통틀어 총 74점이다. 이는 일상에 대한 단상, 꿈, 아이디어 등 그 누구에게도 드러내지 않았던, 그녀의 모든 것이 담겨져 있는 작업의 산실이다. 바로크에서 시작하여 아방가르드 현대 회화에 이르기까지 다양한 미술 양식이 녹아들어 있으며, 그 중에는 실제 작품의 스케치가 된 것도 있다. 작품을 그리기 전에 색을 섞는 것처럼, 어떻게 작품이 발전해 나아가는지 그 과정을 보여주는 것이다. 단적인 예로 이 책의 213페이지를 들 수 있다. 프리다는 이 스케치를 바탕으로 1954년에 〈인생 만세〉를 그린다.

또 한 가지 주목할 만한 점은 그녀의 작품에서 자주 등장하는 스페인 강점기 이전, 즉 프레 콜럼비언(Pre-Columbian) 문화의 각종 요소들도 일기 속 그림에서 곧잘 다루어진다는 것이다. 그녀는 작품에서 멕시코 전통의상을 인디오들이 자주 이용하던 색상과 혼합시키기도 하고, 화관, 반지, 목걸이, 귀걸이 등의 대중적 상징도 적극 사용하였다. 프리다에게 멕시코라는 국가의 뿌리는 곧 자신의 뿌리였으며, 이러한 인식이 아즈텍, 마야 등의 고대 문명과 프레 콜럼비언 문화 등에 대한 관심으로 이어진 것이다. 이는 초콜릿(멕시코에서 처음 생겨난)과 관련된 53~54페이지의 글과 그림에서 단적으로 드러난다.

그녀의 일기는 솔직하고, 즉흥적인 면이 강하다. 특히나 그림들은 무의식적인 사고를 그대로 표출하는, 일종의 자동기술법을 이용한 듯 거칠고 강렬하다. 번지기, 물감 뿌리기 기법 등을 이용한 것은 물론, 일기장을 덮으면서 생긴 얼룩을 마치 데칼코마니처럼 이용하여 또 다른 그림을 그리기도 했다. 심지어는 한 장에 그린 그림의 물감이 뒷장에 배어나온 것을 그대로 이용하기도 했다. 이런 탓인지 초현실주의 풍의 그림이 지배

적이다. 프랑스의 시인이자 이론가인 앙드레 브레통(Andre Breton)은 (그녀는 동의하지 않았으나)그녀의 작품을 초현실주의에 속한다고 말했다. 일기 속 그림에서는 이러한 경향이 한층 짙게 배어나온다. 절제나 계산, 조절 없이 직감적으로 표현된 것이기 때문이다. 고통스러운 현실을 이미지와 자유롭게, 아무런 구속 없이 결합시켰기 때문이다. 대부분의 시간을 침대에서 생활하면서 쌓은, 그녀의 엄청난 독서량이 상상력을 자극한 탓도 있으리라. 그녀는 이처럼 고통과 고뇌를 자유롭게 표현하며 일종의 카타르시스를 느꼈을 것이다.

3. 마치며

비평가 니콜라스 칼라스(Nicolas Calas)는 이렇게 회고한다. "프리다는 악마적인 아름다움을 지녔다. 그녀는 능란한 이야기꾼이었으며, 누구에게든 직설적으로 말했고, 그로 인해 그녀가 가진 개성의 힘을 느끼게 만들었다. 그녀의 음성은 부드럽고 따뜻했으며, 말투는 느렸고, 어떨 때는 남자처럼 느껴질 만큼 중성적이었다. 거기에는 묘한 매력이 있었다."고. 프리다는 영어를 유창하게 구사할 수 있었음에도 멕시코인 특유의 억양을 고치려 하지 않았다고 한다. 모데스타 수아레스(Modesta Suarez)는 "그녀는 진정으로 삶에 저항하고, 잔인한 현실과 육체적 고통을 캔버스에 시적으로 풀어 낸 사람이다. 그 어느 여인도 이와 같이 할 수 없었다. 이 일기라는 작업실을 통해 그녀는 스스로를 표현했다. 그녀의 일기는 그림으로 된 하나의 담론이다. 또한 하나의 시이며, 공간-작가의 팔레트가 있는 은밀한 스튜디오이고, 혼돈의 순간을 통과한 예술의 시작이자 근원의 장소이다."라고 했다.

　　그녀의 희망은 그림이었다. 그녀의 일기는 하늘이었다. 그녀는 가슴에 늘 깁스를 했고, 서른두 번의 수술을 거쳤으며, 욕창으로 견디기 힘든 나날을 보냈다. 일기는 그 고통을 이겨내는 도구였다. 늘 혼자였던 그녀는 일기를 통해 세상과 연결되었고, 신비로운 무의식의 세계로 인도되었다. 블랙유머를 통해 슬픔을 극복하고, 아이러니컬한 행동으로 삶을 희극화(化)하는 재주가 있었던 그녀는 죽기 전 10년 동안, 몸이 망가져 가는 와중에도 이 일기를 완성하며 떠나갔다.

　　　　　　　　　　　　　　　　　2016년 반디트라소에서 안진옥

일러두기 : 프리다 칼로의 일기에 수록된 글들은 아주 시적이고, 철학적이다. 또한 문장이 정갈하지 않고, 자동기술법(自動記述法)으로 써내려간 듯 매우 혼란스러울 때도 있다. 이는 한국어와는 달리 문장이 긴 스페인어의 특성에서 비롯된 측면도 있다. 이 책에서는 그러한 원어의 느낌을 최대한 살리기 위해 노력했다. 문장과 단어가 가진 뜻, 어순이 가지는 리듬을 왜곡하지 않기 위해 가능한 한 직역하였다.

CONTENTS

INTRODUCTION
서문 4

DIARY
일기 15

CHRONOLOGY
연보 295

SELECTED BIBLIOGRAPHY
참고문헌 300

1916년에 그리다

프리다의 일기 첫 장을 장식하는 이 봉헌화* 형식의 그림은 초현실주의 경향의 콜라주 기법으로 표현되었다. 앞으로 펼쳐질 자신의 비극적인 삶, 그 거부할 수 없는 숙명을 짐작했던 것일까? 태양의 밝은 빛을 받으며 정원 바닥에 누워 있는 그녀의 사진(알바레스 브라보가 찍은 사진이다)은, 마치 곧 다가올 죽음을 스스로도 예감하는 듯하다.

실제로 그녀는 1944년부터 일기를 쓰기 시작했다. 그러나 이 장의 상단에는 "1916년에 그리다"라는 문구가 적혀있다. 1916년에 그녀는 9살이었고, 정원 바닥에 누워 있는 그녀의 사진은 죽음을 상징하므로, 이 둘을 리본과 하얀 새(평화를 상징)로 연결하였다는 것은 곧 프리다가 자신의 어린 시절과 죽음을 긴밀히 연관 지은 것으로 볼 수 있다.

봉헌화는 신에게 바치는 일종의 제물이자 기도의 한 형식이다. 프리다가 일기를 쓰면서 늘 신에게 기도했다고 생각할 수 있는 부분이다. 쓸쓸한 방에 누워, 그녀는 신에게 무엇을 호소했을까?

---

* 레타블로(Retablo): 봉헌화, 또는 제단화(祭壇畫)라고도 한다. 교회의 제단 장식 위나 뒤에 설치하는 종교적 소재를 다룬 그림이다. 이러한 레타블로는 멕시코로 넘어 오면서 엑스보토(exvoto, 봉헌물), 즉 고통이나 어려움으로부터 구해 준 신에게 감사를 표하기 위한, 혹은 그러한 고난의 해소를 기원하는 상징으로서 민중적인 의미가 강화된다. 팔, 다리 등의 신체 일부가 아프거나 다치면 이를 본떠 목걸이로 만들어 걸치거나 성인(聖人)에게 바쳐 병이 낫기를 바라는 아즈텍의 전통과 접목된 것이다. 이러한 봉헌화 양식은 프리다 칼로의 작품 전반에 걸쳐 드러난다.

PINT DE 1916

ne, luna, sol, diamante, manos—
yema, punto, rayo, gasa, mar.
verde pino, vidrio rosa, ojo,
mina, goma, lodo, madre, voy.
= Amor amarillo, dedos, útil
niño flor, deseo, ardid, resina.
potrero, bismuto, santo, sopera.
gajo, año, estaño, otro potro.
puntilla, máquina, arroyo, soy.
metileno, guasa, cáncer, risa.
gorjeo — mirada — cuello, viña
pelo negro seda niña viento =
padre pena pirata saliva
sacate mordaza consumo vivaz
onda — rayo — tierra — rojo — soy.
Abril. dia 30..
Niño — cuajo, suyo, rey, radio negro —
álamo sino busco — manos. hoy.
Olmo. Olmedo. Violeta. canario
zumbido. pedrada — blancor del gris.
Camino — silueta — ternura
Corrido — gangrena — petrarca
Mirasol — siniestros azules — agudo
Romeros — ambajes — basuras. ayer
regazo. tumbando. arrimo.
visiones. iluso. dormida. pilar.

columnas amigas- rumores a   10
abusos- cercanos- mentira- pasión.
Arcanos- millares- dinero- vigor.
empalme conciencia- piruja palmar
la fuerza- marina- joroba control-
miradas que digo- ajado cubil
mikado- martirio- gorjeado senil.
=cuadrado lucero cojera,
al rojo primor- al verde mentira
derrumbe gangoso sin silla plaza.
primero- diezmado- pomposo
agriado precoz- infamias hermosas
garganta naranja rotunda
qué cosa panteón.
granizo lunera cantado-
brillante ademán.
alerta- candado- romano
ardiente. cajita-
lo pintó, matón.
niño- niñito- niñote
mi gris corazón.
nevada graciosa- burbuja de avión
Jacía- milano- corriendo- jarana
sin cuento razón.
gran prisa espejosa
muñeca cartón.

Retratos agudos con tierna emoción.
buscaba - risueña - morena - botón.
gerundio gerona,
germana gorrión
gualdada garganta
gozada pasión.
Abeja - cariño - perfume - cordón.
Migaja marmaja - saltante mirón.
Soldado soltura - solsticio girón.
Cuadrante morado - abierto ropón.
Materia micrada
Martirio membrillo
metralla micrón.

Ramas, mares, amargamente en-
traron en los ojos idos. Osas ma-
ores. voz .. callada . vida . Flor.

Mayo. 4 mayo. 7 mayo.
no vé el color. Tiene el color.
Hago la forma. No la mira.
lo dá la vida que tiene.
iene la vida.
ibia y blanca es su voz.
e quedó sin llegar nunca.
me voy.

아니야, 달, 태양, 다이아몬드, 손 –
노른자, 점, 선, 거즈, 바다
녹색 소나무, 분홍색 유리, 눈,
광산, 고무, 진흙, 어머니, 나는 간다.
= 노란색 사랑, 손가락들, 유용한
꽃같은 어린아이, 욕망, 계략, 송진.
작은 목장, 창연(蒼鉛), 성인, 그릇[1].
부러진 가지, 연도(年度), 주석(朱錫), 다른 망아지
잔가지 모양의 무늬, 기계, 개울, 나입니다.
메틸렌, 농담, 암, 웃음.
새의 지저귐 – 시선 – 목, 포도밭
검은 머리 비단 소녀 바람 =
아버지 형벌 해적 타액
재갈 물린 것을 풀다, 활발한 소비
파도 – 번개 – 땅 – 붉은 – 나는 그렇다
4월. 30일..
남자 아이 – 인내심이 많은, 당신의 것, 왕, 검은
라디오 –
포플러 나무, 내가 찾지 않는다면 – 손들. 오늘.
느릅나무, 느릅나무 숲, 보라색, 카나리아
윙윙거림. 돌팔매질 – 회색의 흰색.
길 – 그림자 – 부드러움
멕시코 민요 – 괴저 – 페트라르카[2]
해바라기 – 푸른 재해[3]. 날카로운
로즈메리 – 복잡한 길 – 쓰레기 – 어제
무릎. 넘어뜨리며. 접근 –
환영 – 몽상가 – 잠이 든 – 기둥.

기둥들 친구들 – 유리가 수군거리는 소리
남용 – 가까운 – 거짓말 – 열정.
불가사의 – 수많음 – 돈 – 활력.
의식의 연결점 – 창녀같은 야자나무 숲.
힘 – 바다 – 휜 허리 교정 –
내가 말하는 시선 – 학대당한 은신처
천황 – 순교 – 조롱당한 노년.
= 네모난 샛별을 잡는다,
최상의 적색 – 초록의 거짓말
쾌락의 의자 없이 콧소리를 내며 붕괴한다
첫번째 – 십일조(十一條)[4]를 낸 – 으리으리한
일찍 시름해진 – 사악하고 아름다운
둥근 오렌지색 목구멍
대단한 일이네, 판테온(신전).

쏟아지는 달의 노래 –
근사한 모습
경고 – 자물쇠 – 로마인
타오르는. 작은 상자 –
그것을 칠했다, 불량배
남자 아이 – 작은 남자 아이 – 큰 남자 아이
나의 잿빛 마음
우스꽝스럽게 눈이 내린 – 비행기의 거품
매장되었다 – 밀라노 – 달리면서 – 작은
기타[5]
이유도 없이 혼돈 속에서 매우 서두름
마분지 인형
친절한 감정의 예민한 초상화
찾고 있다 – 생글거리는 – 가무잡잡한 –
단추.
현재분사 헤로나[6]
독일 참새
노란색으로 물들인 목구멍
향유된 열정.

벌 – 애정 – 향수 – 가는 줄
돈 부스러기 – 눈에 띄게 호기심이 많은
사람.
자유로운 군인 – 회전축.
자주색 상한의(象限儀)[7] – 벌어진 긴 가운
물질   마이크로화된
순교   모과
파편   미크론.[8]

나뭇가지, 바다, 하염없이 바라보다
성인이 된 암곰. 목소리.. 조용한. 삶. 꽃.

5월 2일, 5월 4일, 5월 7일.
그는 색을 보지 않는다. 그저 색을 가지고
있다.
나는 형태를 만든다. 그는 그 형태를 보지
않는다.
그는 생명을 제공하지 않는다.
그저 생명을 가지고 있다.
그의 목소리는 미지근하고 창백하다.
그는 머물렀지만 결코 도착하지 않았다.
나는 떠난다.

17~19페이지와 같은 형식의 글은 그녀의 일기에서 종종 등장한다. 단어들은 목적 없이 부유하고, 문장과 단락을 이루지도 않는 것이, 한 편의 현대시 그 자체이다. 하지만 단순히 줄지어 있는 것만 같은 이 단어들을 가만히 들여다보면 그녀의 그림을 구성하는 은밀한 아이콘들을 엿볼 수 있다.

이 글은 단어가 가진 자음과 모음의 유사성 등을 통해 일정한 운율을 형성한다. 예를 들어 17페이지의 8번째 줄에 표기된 "가호(gajo)", "아뇨(año)", "에스타뇨(estaño)", "오트로(otro)", "뽀트로(potro)" 등의 단어들은 모음 "o"의 반복을 통해 은율을 형성한다. 이러한 방식을 아베세 그래마(ABECE GRAMA)라 하는데, 알파벳의 순서 혹은 단어들을 자기 나름대로 정해 나열하는 것이다. 이 단어 연상법은 특히 스페인의 문호 세르반테스가 쓴 『돈키호테』에서 자주 등장한다.

그러나 이를 단순한 시적 표현, 또는 단어 놀이로만 볼 수는 없다. 마찬가지로 17페이지의 19번째 줄에 표기된 "올모(Olmo)", "올메도(Olmedo)"는 각각 느릅나무와 느릅나무 숲을 의미하지만, 올메도는 디에고의 애인 이름이기도 하다. 즉, 의미 없이 나열된 것 같은 이 단어들은 한편으로는 그녀의 삶과 긴밀하게 얽힌 단상들이기도 한 것이다.

이러한 단어들을 읊으면서, 그녀는 어떤 감정을 곱씹은 것일까?

첫 번째는 어머니가 되고 싶은 간절하다 못해 절규에 가까운 소망이다. 그녀는 세 번의 유산을 겪었고, 끝내 어머니가 되지 못했다. 사랑하는 이의 아이를 갖지 못한 고통과 잉태에 대한 소망이 "어린 아이(niño)"라는 단어의 반복에서 묻어난다.

두 번째는 교통사고와 어릴 적 소아마비를 앓은 다리에 대한 안타까움이다. "괴저(gangrena)", "순교(martirio)" 등의 단어에서 이와 같은 감정이 드러나며, 이와 더불어 늘 그녀에게 힘을 주는 단어인 "미소(risa)", "기둥(pilar: 중심축)", "힘(La fuerza)"을 함께 나열했다.

세 번째는 디에고에 대한 애증이다. 디에고의 여성 편력은 그녀를 가장 가슴 아프게 하는 것이었다. 이와 같은 남편에 대한 불신, 그의 거짓말로 인해 상처 받은 마음을 "노란 사랑(amor amarillo)", "다이아몬드(diamonte)", "욕망(deseo)", "남용(abuso)", "거짓말(mentira)", "푸른 거짓말(verde mentira)", "나의 잿빛 마음(mi gris corazon)" 등의 단어를 통해서 추스른다. 또한 자신의 연약함을 뜻하는 "마분지 인형(muñeca cartón)"이라는 단어도 눈에 띈다.

---

1 뚜껑이 달린 움푹한 그릇
2 프란체스코 페트라르카(Francesco Petrarca). 이탈리아의 시인(1304~74)
3 괴저로 인한 상처의 상태를 나타냄
4 소득의 1/10을 신에게 바치는 구약성서의 관습
5 베라크루스 지방의 작은 기타
6 스페인 카탈루냐 지역 북동부에 위치한 도시
7 18세기 말까지 자오선 관측에 쓰던 기계
8 100만 분의 1 미터

Diego.

Verdad es, muy grande, que yo
no quisiera, ni hablar, ni dormir
ni oír, ni querer.
Sentirme encerrada, sin miedo
a la sangre, sin tiempo ni ma-
gia, dentro de tu mismo miedo,
y dentro de tu gran angustia, y
en el mismo ruido de tu corazón.
Toda, ésta locura, si te la pidiera,
yo sé que sería, para tu silencio,
sólo turbación.
Te pido violencia, en la sinrazón,
y tú, me das gracia, tu luz y
calor.
Pintarte quisiera, pero no hay co-
lores, por haberlos tántos, en mi
confusión, la forma concreta
de mi, gran amor.

F.

~~━━━━━━━━━━━━━━━━━━━━━━━━━━~~

Cada momento, él es mi niño,
mi niño nacido, cada ratito,
diario, de mi misma.

디에고.

진실은 너무나 거대해서, 나는 말하기도, 잠들기도, 듣기도, 좋아하기도 싫어요.

피에 대한 두려움 없이, 사원이나 마법의 힘 없이 나는 당신의 두려움 속에, 당신의 커다란 불안 속에, 그리고 당신 심장 소리 안에 갇히고 싶습니다. 이 모든 광기를 만약 당신에게 요구한다면, 나는 당신의 침묵 때문에 그저 당혹스럽겠지요.

당신이 나를 범했으면 좋겠습니다, 어처구니 없겠지만. 그러면 당신은 내게 호의를 배풀겠죠. 당신의 빛 그리고 온기.

당신을 그리고 싶습니다. 하지만 적합한 색깔이 없어요. 색깔이 너무 많거든요, 혼란스럽게도, 내 커다란 사랑의 구체적인 형태로서.

F.

오늘, 디에코가 나에게 키스했다.

매순간, 그는 나의 아이이다.

날 때부터 내 아이, 매순간,

매일, 나의 것이다.

디에고를 향한 애절한 사랑이 묻어나는 연서(戀書)이다. 여기서 그녀가 마주하고 있는 사랑은 고뇌와 고통으로 가득하다. 이 내용을 바탕으로 그녀는 1949년에 디에고의 초상화를 그렸다. 그리고 그 해 있었던 전시회 도록에 이 편지도 함께 수록되었다.

너그러운 사람이 지나갔다
사건. 대량
커튼이 있었다면
검은 조각
시끄러운 조롱자
날개 달린 모터
빛이 모이면
춤추는 실루엣
고통을 노래하는
덧칠한 밤
미묘한 고통
흐릿한 색
마치 구름 가득한 하늘 같은.
구속된 해방감
바람의 임무
원형 광장
돌아가는 마라까*
흥미로운 아침
레몬색 새.
검은 수의(壽衣)
나뒹구는 쓰레기
발자취를 노래했다
훔친 비행에
돌아온 삼위일체
헌옷
심장의
두꺼운 세포.

너그러운 사람이 지나갔다
대량의 사건
커튼이 있었다면
검은 조각
시끄러운 조롱자
날개 달린 모터
빛이 모이면
춤추는 실루엣
고통을 노래하는

미묘한 고통

* 망고나 아보카도 모양으로 생긴 타악기

Pasaba rumbosa.
asunto montón.
tuviera cortina
grabado moreno
ruidazo zumbón
motores alada
fulgencia sumada
silueta bailón
sufrido cantando
sombreado sembrad
sutil aguijón
velado color del
mismo celaje amarillo.
amarrada soltura
misión del viento
rotundo.
maraña girón
curiosa mañana
pájaro limón.
morena mortaja
rodando basura
cantaba pisadas
al vuelo robado
devuelto gran vino,
ropajes antiguos
el grueso celular
del corazón.

Pasaba rumbosa
Asunto montón
Tuviera cortina
grabado moreno
ruidazo zumbón
motores alada
fulgencia sumada
Silueta bailón
Sufrido cantando
sutil aguijón

어린 시절, 친구들과 아무렇게나 찍은 점들을 선으로 잇는 놀이를 하다가 우연히 발현된 그럴듯한 형상에 놀란 적이 있을 것이다. 이 그림을 보면 그러한 추억이 떠오른다. 마치 우연을 이용한 낙서 같지 않은가? 하지만 자세히 들여다보면 서로 교차되는 선들 사이사이에 몇몇 형상들이 나타난다. 좌측 상단과 하단의 원형은 태양처럼 이글거리고, 우측 상단에는 수염 난 아즈텍 신이, 중앙엔 뉴욕에서나 볼법한 고층 빌딩, 그리고 눈이 있다. 눈은 아즈텍의 신화에 나오는 "지혜의 눈"이다. 이 지혜의 눈은 "모든 것을 보는" 눈으로, 일루미나티(Iluminati, Iluminatus)[1]의 상징과도 의미상, 형태상으로 유사하다. 미국 화폐 중 1달러의 뒷면에도 유사한 이미지[2]가 있다.

이 그림 역시 초현실주의 경향의 그림으로 볼 수 있으며, 상상의 이미지들을 바이오모프(biomorfo)[3] 식으로 그려내었다. 다만, 그림에서 나타나는 상징들 간의 상호관계가 명확하지는 않다. 우연은 그저 우연으로 남아있다.

1   1776년 독일에서 유래된 신비의 조직으로, 미신, 신화 등을 반대하였으며, 과학 및 문화에 관심이 많았다. 또한 엘리트 교육에 공을 들였고, 동등한 성을 존중하였으며, 프랑스 혁명에 많은 영향을 주었다.
2   위에 예시로 든 이미지를 보면, 피라미드 위에 모든 것을 볼 수 있는 삼각형의 눈이 있다. 이 눈은 인간을 감시하는 신의 눈으로 지혜, 빛, 정신을 의미한다.
3   생물을 나타낸 장식형태

편지:

당신이 나에게 편지를 쓴 그때부터, 너무도 화창했고, 까마득한 그 날부터, 당신에게 설명하고 싶었어요. 나는 그 날들로부터 벗어날 수가 없다는 것을, 그때 그 순간으로 돌아갈 수도 없다는 것을. 당 신을 잊을 수가 없어요. – 밤은 길고 괴롭습니다.

물, 배와 부두, 그리고 이별은 당신에게는 별일도 아니었겠지만, 나의 눈은 아직도 당신이 애절한 눈길로 나를 바라본, 그 둥근 창문 에 갇혀 있어요.

모든 것이 그대로입니다. 이후, 그런 날들이 왔어요. 당신에 대한 새로운 날들이. 오늘 나의 태양이 당신을 보듬길 바라요. 당신에게 말할게요. 당신의 소녀는 나의 소녀이고, 유리로 된 방에 놓인 꼭두 각시 인형들은 우리 둘의 것이라고.

검붉은 끈을 두른 드레스는 당신 것이고, 내 것은 당신의 파리에 있는 오래된 광장들이지요. 그 중에서도 제일 아름다운 것은 – 바로 보주 광장(Des Vosges)이죠.

너무나 잊혀졌지만 결코 변치 않을.

달팽이들과 신부 인형, 그것들 또한 당신 것이에요. 말하자면, 당 신 자체이지요. 그녀(인형)의 드레스는, 아무도 오지 않은 결혼식 날 에도 그녀가 벗기를 거부했던 바로 그 드레스예요. 우리가 그 더러 운 길바닥에서 발견했을 때도, 그녀는 이 옷을 입고 졸고 있었죠.

레이스 장식이 달린 내 치마, 그리고 내가 항상 걸치고 다녔던 낡

Carta:

Desde que me escribiste, en aquel día
tan claro y lejano, he querido expli-
carte, que no puedo irme de los
días, ni regresar a tiempo al otro
tiempo. No te he olvidado. Las no-
ches son largas y difíciles.
El agua. El barco y el muelle y
la ida, que te fué haciendo
tan chica, desde mis ojos, encar-
celados en aquella ventana re-
donda, que tu mirabas, para
guardarme en tu corazón.
Todo eso está intacto. Después.
vinieron los días, nuevos de ti.
Hoy, quisiera que mi sol te to-
cara. Te digo, que tu niña es
mi niña, los personajes títeres,
arreglados en su gran cuarto
de vidrio, son de las dos.
Es tuyo el huipil con listones
solferinos. Mias las plazas
viejas de tu París, sobre todas
ellas, la maravillosa - Des Vosges.

tan olvidada y tan firme.

Los caracoles y la muñeca-novia,
es tuya también - es decir, eres tú.
Su vestido, es el mismo que no
quiso quitarse el día de la bo-
da con Nadie, cuando la en-
contramos casi dormida en el
piso sucio de una calle.
Mis faldas con olanes de encaje,
y la blusa antigua que siem-
pre ~~xxxxxxxxxxxxxxxxx~~ hacen
el retrato ausente, de una
sola persona. Pero el color de
tu piel, de tus ojos y tu pelo
cambia con el viento de Mé-
xico. ~~xxxxxxxxxxxxxxxxxxxxxx~~
~~xxxxxxxxxxxxxxxxxxxxxxxxxxx~~
~~xxxxxxxxxxxxxxxxxxxxxxxxxxx~~

Tú también sabes que todo
lo que mis ojos ven y que
toco conmigo misma, desde
todas las distancias, es
Diego. La caricia de las
telas, el color del color, los

alambres, los nervios, los lápices,
las hojas, el polvo, las células,
la guerra y el sol, todo lo que
se vive en los minutos de los
no-relojes y los no-calendarios.
y de las no-miradas vacías,
es él. Tú lo sentiste, por eso
dijiste que me trajera el barco
desde el Havre, donde tú nunca
me dijiste adiós.
Te seguiré escribiendo con mis ojos,
siempre. Besa a ~~xxxxxx~~ la niña...

은 블라우스는 ××××××××××× 부재한 초상화를 만듭니다. 단 한 사람만을 위한. 하지만 당신의 피부색은, 눈과 머리카락의 색깔은 멕시코의 바람 때문에 변했어요. 노인의 죽음은 우리를 너무나 고통스럽게 하였죠. 그 날 우리는 이야기를 나눴고, 함께 있었어요.

당신은 알고 있었죠. 내가 보는 모든 것, 그리고 내가 만지는 모든 것은, 어디에 있더라도, 디에고, 천(綴)의 애무, 색깔 중의 색깔, 전선, 신경, 연필들, 종이, 먼지, 세포, 전쟁, 태양, 세상의 그 어떤 시계에도, 달력에도, 그리고 텅 빈 시선에도 없는 것, 바로 그임을. 당신은 그것을 알아차렸죠. 그래서 르 아브르(Le Havre)*에서 나를 그 배에 실어 보냈군요. 그곳에서 당신은 결코 나에게 작별 인사를 하지 않았죠.

나의 눈으로 계속 편지를 쓰겠어요.

언제나. 키스를 ×××××× 그 소녀...

* 프랑스의 도시

이 일기는 친구 쟈크린 람바에게 보내는 편지이다. 1938년 4월, 시인 앙드레 브레통의 연인 쟈크린이 멕시코를 방문한다. 이 후 그녀는 프리다를 파리에 초청한다. 이 일기(편지)는 프리다가 뉴욕과 파리에서의 전시회를 마치고 모국으로 돌아와 작성한 것이다. 22페이지의 글과 더불어, 그녀의 시적 감수성이 어느 정도인지를 가늠할 수 있는 좋은 예이다. 이별의 슬픔에 대해 그녀는 "당신과 헤어져서 슬프다"고 말하지 않는다. "나의 눈은 멀어져 가는 당신 얼굴을 바라보던 그 선창(船窓)에 갇혀 있다"고 시적으로 서술하는 것이다.

이 에피소드와 관련된 작품이 있다. 〈드러난 삶의 풍경 앞에서 겁에 질린 신부〉가 그것이다. 아래 그림의 좌측 상단을 보면, 자그마한 신부가 보일 것이다. 이 신부는 파리의 시장에서 우연히 구입한 인형을 그린 것이다. 1943년에 사인한 이 그림은 원래 1938년 뉴욕 줄리안 레비 갤러리에서 열린 개인전에 전시된 작품이었다. 그때는 작품 내에 이 신부의 그림이 없었다. 1939년 파리 르누 앤 콜 갤러리에서의 전시 후에 추가된 것이다. 신부의 그림을 추가한 이유가 바로 쟈크린의 결혼 때문이다.

〈드러난 삶의 풍경 앞에서 겁에 질린 신부〉는 그녀가 구사하는 성적(Sexual) 상징에 관한 논의에서도 자주 인용되는 작품이다. 잘 익은 과일이 활짝 열려 있는데, 이는 여성의 성기를 상징한다.

〈드러난 삶의 풍경 앞에서 겁에 질린 신부〉, 1943

Números, la economía,
la farsa de la palabra,
los nervios azules son.
No sé porqué — también rojos,
pero llenos de color.

———

Por los números redondos
y los nervios coloridos
las estrellas están hechas
y los mundos son sonidos.

Yo no quisiera abrigar
ni la menor esperanza,
todo se mueve al compás
de lo que encierra la panza.

숫자, 경제
단어들의 소극(笑劇),
파란색 신경이다.
왜인지는 알지 못한다. – 빨간색이기도 하다.
어쨌든 색으로 가득차 있다.

어림수와
화려한 신경으로
별들은 만들어 졌고
세계는 소리이다.

나는 작은 희망조차도
품고 싶지 않다.
모든 것은 복부에 갇혀 있는
나침반에 따라 움직인다.

나는 연필을 뽀족하게 깎을 것이다,

무한원점(無限遠點)[1]까지,

이 점은 언제나 앞을 본다:

녹색 - 따뜻하고 좋은 빛

(붉은 자주색) 솔페리노[2] - 아즈테카. 오래된 틀라팔리(TLAPALI)[3]

선인장의 피, 가장

강렬하고 오래된

(갈색) 몰레[4]의 색깔, 썩어가는 나뭇잎의 색깔

(노란색) 광기, 질병, 두려움

태양과 환희의 일부

(암청색) 전기와 순수한 사랑.

(검은색) **검은 것은 없다 - 실제로 없다**

(초록색) **나뭇잎, 슬픔, 과학, 독일**

전체가 이 색깔이다

(연두색) 심한 광기와 신비

모든 유령은 이 색깔의 의복을 입는다. 최소한

이 색깔의 속옷이라도 입는다.

(진한 녹색) **나쁜 소식의 색깔**

그리고 좋은 사업의 색깔.

(진한 남색) **거리감. 부드러움도**

이런 파랑이다.

(자홍색) **피? 음. 누가 알겠어!**

색깔이 가지는 의미와 상징에 대해서 상세히 설명하고 있는 글이다. 이해를 돕기 위해 각각의 색깔에 대한 설명을 해당 색깔의 펜으로 서술하였으며, 중간중간에 그림도 그려 넣었다.

1 같은 평면 위의 나란한 두 직선이 무한히 먼 곳에 있는 어떤 점(點)에서 만난다고 할 때의 점
2 후나나무에서 채취되는 멕시코 특유의 색상이다. 분홍색과 붉은색이 혼합되어 있다.
3 멕시코 원주민 언어인 나우아틀(Nahuatl)어로서 "염색된 것, 색깔(특별히 붉은 색)"을 의미한다.
4 멕시코 요리에서 사용하는 소스를 일반적으로 부르는 말

Probaré los lapices tajados al
punto infinito que mira siem-
pre adelante:

El verde - luz tibia y buena

Solferino - azteca. TLAPALI vieja
~~~~~~~~~~~ Sangre de tuna, el mas
vivo y antiguo

Ⅻⅲⅲⅲⅲⅲ color de mole, de hoja que se vá
tierra ___ ___
locura enfermedad miedo
del sol y de la alegria
electricidad y pureza amor.
nada es negro - realmente nada
hojas, tristeza, ciencia, Alema-
nia entera es de este color

más locura y misterio
todos los fantasmas usan
trajes de este color, o cuando
menos ropas interior.

Color de anuncios malos
y de buenos negocios.

distancia. Tambien
la ternura puede ser
de este azul.
sangre? Pues, quien sabe!

(Und der Haifisch er hat zähne
und die trägt er im gesicht
und der Macky hat ein messer
doch das messer sieht man nicht
Mexikon... Hm..
San Francisco de Asis's.

Und der Haifisch er hat zähne
und die trägt er ihm gesicht
und der Macky hat ein mess
doch das messer siht man
nicht.
Manhattan

Und der Heifisch er hat
zähne, und die trägt er
ihm gesicht, und der
Macky hat ein Messer
doch das messer siht
man nicht.

Mexico. - Coyoacán.
Paris. New-York.

아시스의 성(聖) 프란시스코
그리고 상어는 이빨이 있다
그 이를 얼굴에 드러낸다
그리고 맥키에게는 작은 칼이 있다
하지만 작은 칼은 보이지 않는다.
맨하탄
그리고 상어는 이빨이 있다
그 이를 얼굴에 드러낸다
그리고 맥키에게는 작은 칼이 있다
하지만 작은 칼은 보이지 않는다.

멕시코. 코요아칸.
파리. 뉴 - 욕.

프리다는 디에고와 1939년에 한번 이혼했다. 이혼 직전, 즉 1938년부터 1년간 그녀는 각종 전시회에 참석하기 위해 외국으로 나가게 된다. 이때, 그녀는 베르톨트 브레히트의 『서푼짜리 오페라』를 알게 된다. 그녀는 이 오페라의 내용이 바로 자신의 이야기 같다고 생각했다. 그래서 그 내용의 일부를 일기에 옮겨 적었으며, 독일어에 익숙지 않은 탓인지 오자가 있다.*

범죄자, 즉 칼잡이 맥키에 대해 묘사하고 있는 이 글 어디에 공감할 부분이 있을까? 사실 공감은 표현과 내용의 섬뜩함을 따르지 않는다. 그녀는 단지 얼굴은 웃고 있지만(이빨을 드러낸 상어), 마음의 병으로 괴로워하고 있을(칼을 감춘 맥키) 따름이다.

* "im"을 "ihm"으로, "sieht"를 "siht"로 표기한 것 등

디에고:

그 어떤 것도 당신의 손과 비교할 수 없어요. 그 무엇도 당신의 녹색 눈빛과 비교할 수는 없죠. 내 육체는 매일 당신으로 인해 충만합니다. 당신은 밤의 거울, 맹렬한 섬광, 비옥한 땅입니다. 당신의 품은 나의 쉼터이지요. 내 손끝은 당신의 피를 만집니다. 당신이라는 원천으로부터 움트는 생명을 느끼는 것은 나의 더할 나위 없는 즐거움입니다 = 그것은 당신으로 채워진 내 모든 신경의 길목에 핀 꽃입니다.

나뭇잎, 작은 칼, 옷장, 참새, 이 모든 것들을 아무런 대가 없이 팔겠습니다. 나는 환상을 믿지 않아요. 그것은 끔찍한 연기를 내뿜죠. 마르크스. 삶. 대단한 부랑배. 어떤 것도 이름은 없네요. 나는 형태를 보지 않아요. 종이. 사랑. 전쟁. 헝클어진 머리카락. 주전자. 발톱. 매장된 거미. 알코올에 빠진 삶. 아이들은 인생이죠. 그리고 여기서 그것은 끝났어요.

이제 온다. 나의 손. 나의 붉은 시야. 더 커다랗게. 더욱 더 당신의 것인. 유리의 순교. 매우 부당한 행위. 기둥과 골짜기. 바람의 손가락들. 피 흘리는 아이들. 작은 운모(雲母). 내 꿈이 무엇을 말하는지 모르겠다. 익살꾼. 잉크. 얼룩. 형태. 색깔. 나는 새다. 나는 전부이다. 더 이상의 혼돈은 없다. 모든 종(鍾)들. 법. 땅. 커다란 숲. 최대의 상냥함. 헤아리기 어려운 조수(潮水). 쓰레기. 항아리. 판자로 된 편지. 주사위들 손가락들 짝꿍들. 공사(工事)에 대한 덧없는 희망. 옷감. 왕들. 그렇게나 바보 같은. 나의 손톱들. 실과 머리카락. 신경에 거슬리는. 이제 나는 너와 함께 간다. 실종된 1분. 네게서 훔쳤지, 그리고 나는 울면서 간다. 그는 장난꾸러기다.

조색단(助色團) − 발색단(發色團). 디에고.
색을 가진 그녀. 색을 보는 그.
1922년부터.
매일매일. 지금은 1944년. 모든 삶을 살아낸 후에도. 벡터는 여전히 최초의

Diego:

Nada comparable a tus manos
ni nada igual al oro-verde de
tus ojos. mi cuerpo se llena
de ti por días y días. eres
el espejo de la noche. la luz
violenta del relámpago. la
humedad de la tierra. El
hueco de tus axilas es mi
refugio. mis yemas tocan
tu sangre. Toda mi alegría
es sentir brotar tu vida de
tu fuente-flor que la mía
guarda para llenar todos
los caminos de mis nervios
que son los tuyos.

Hojas. navajas. armarios. gorrión
Vendo todo en nada. no creo
en la ilusión. Fumas sin horror
humo. Marx. la vida. el gran
vacilón. nada tiene nombre.
yo no miro formas. el papel
amor. Guerras. greñas. jarras.
garras. arañas sumidas. vidas
en alcohol. niño son los días y hasta
aquí acabó.

~~Espero T...~~

ya llega. mi mano. mi roja
visión. más grande. más suya.
martirio del vidrio. la gran
sinrazón. Columnas y valles.
los dedos del viento. los niños
sangrantes. la mica micrón.
No sé lo que piensa mi sueño
burlón. La tinta, la man-
cha. la forma. el color. soy
ave. soy todo. sin más turba-
ción. Todas las campanas.
las reglas. las tierras. la
grande arboleda. la mayor
ternura. la inmensa marea.
basura. Tinaja. cartas de
cartón. dados dedos dúos.
débil esperanza de hacer cons-
trucción. las telas. los reyes.
tan tontos. mis uñas. El
hilo y el pelo. el nervio zumbón
ya me voy conmigo. un minu-
to ausente. te tengo robado y
me voy llorando. Es un vacilón.

Auxocromo - Cromóforo. Diego.
Aquella que lleva el color.
~~es nada agrada~~
El que ve el color.
Desde el año de 1929.
Hasta todos los días. Ahora en
1944. Después de todas las
horas vividas. Siguen los vecto-
res su dirección primera.
Nada los detiene. Sin más
conocimiento que la viva emo-
ción. Sin más deseo que seguir
hasta encontrarse. Lentamente.
Con enorme inquietud pero con
la certeza de que todo lo rige
la "sección de oro". Hay un
acomodo celular. Hay un
movimiento. Hay luz. Todos
los centros son los mismos. La
locura no existe. Somos los
mismos que ya fuimos y sere-
mos. Sin contar con el estúpido
destino.

Mi Diego:

Espejo de la noche.

Tus ojos espadas verdes dentro
de mi carne. ondas entre nuestras manos.

Todo tú en el espacio lleno de
sonidos - en la sombra y en la
luz. Tu Te llamaras AUXO-
CROMO el que capta el color. Yo
CROMOFORO - la que da el color.
Tu eres todas las combinaciones
de los números. la vida.
mi deseo es entender la linea
la forma la sombra el movi-
miento. Tu llenas y yo recibo.
Tu palabra recorre todo el
espacio y llega a mis células
que son mis astros y vá a las
tuyas que son mi luz.

Fantasmas.

ra sed de muchos años reteni-
da en nuestro cuerpo. Palabras
encadenadas que no pudimos
decir sino en los labios del sue-
ño. Todo lo rodeaba el milagro
vegetal del paisaje de tu cuerpo.
Sobre tu forma, a mi tacto
respondieron las pestañas de
las flores, los rumores de los
ríos. Todas las frutas había
en el jugo de tus labios, la san-
gre de la granada, el tramonto
del mamey y la piña acrisola-
da. Te oprimí contra mi pecho
y el prodigio de tu forma pe-
netró en toda mi sangre por
la yema de mis dedos. Olor
a esencia de roble, a recuer-
do de nogal, a verde aliento
de fresno. Horizontes y paisa-
jes = que recorrí con el beso.
Un olvido de palabras forma-
rá el idioma exacto para

entender las miradas de
nuestros ojos cerrados.
= Estás presente, intangible
y eres todo el universo que
formo en el espacio de mi
cuarto. Tu ausencia brota
temblando en el ruido del
reloj, en el pulso de la luz;
respiras por el espejo. Desde
ti hasta mis manos, recorro
todo tu cuerpo, y estoy con
tigo un minuto y estoy con
migo un momento. Y mi
sangre es el milagro que
va en las venas del aire
de mi corazón al tuyo.

LA MUJER. ~~xxxxxxxxxxxxxxxxxxxxxx~~

~~xxxxxxxxxxxxxxxxxxxxxxx~~.

EL HOMBRE. ~~xxxxxxxxxxxxxxxxxxxxx~~

El milagro vegetal del paisaje
de mi cuerpo es en ti la na-
turaleza entera. Yo la re-

...orro en vuelo que acaricia con mis dedos los redondos cerros, penetran mis manos los umbríos valles en ansias de posesión y me cubre el abrazo de las ramas suaves, verdes y frescas. Yo penetro el sexo de la tierra entera, me abrasa su calor y en mi cuerpo todo goza la frescura de las hojas tiernas. Su rocío es el sudor de amante siempre nuevo. No es amor, ni ternura, ni cariño, es la vida entera, la mía, que encontré al verla en tus manos, en tu boca y en tus senos. Tengo en mi boca el sabor almendra de tus labios. Nuestros mundos no han salido nunca fuera. Sólo un monte conoce las entrañas de otro monte.

Por momentos flota tu presencia

como envolviendo todo mi
ser en xina espera ansiosa
de mañana. Y noto que es-
toy contigo. En este momen-
to lleno aun de sensaciones,
tengo mis manos hundidas
en naranjas, y mi cuerpo
se siente rodeado por tus
brazos.

방향을 따라갈 것이다.

그 무엇도 그것을 멈출 수 없다. 생생한 감동에 대한 이해 없이는. 끝을 볼 때까지 계속할 욕망 없이는. 천천히. 커다란 불안과 함께. 하지만 모든 것은 "황금 분할"을 따른다는 믿음과 함께. 세포의 배열이 있다. 움직임이 있다. 빛이 있다. 모든 핵심은 동일하다. 광기는 존재하지 않는다. 우리는 변함없다. 과거에도, 그리고 앞으로도. 어리석은 운명을 믿지 않는다.

나의 디에고:

밤의 거울.

당신의 눈이 내뿜는 녹색 칼날이 제 살 속에 박힙니다. 우리의 손은 함께 물결칩니다.

당신은 소리로 – 그늘과 빛으로 – 충만한 우주입니다. 당신의 이름은 조색단입니다. 색깔을 흡수하는 남자. 저는 발색단 – 색깔을 제공하는 여자이지요. 당신은 숫자로 만들 수 있는 가장 완전한 조합입니다. 삶이죠.

저는 당신이 제게 준 선을, 형태를, 그림자를, 움직임을 이해하고 싶어요. 당신의 말은 온 우주를 떠돌고, 나의 세포, 나의 별들은 그것으로 인해 빛납니다. 당신을 향해.

유령들.

조색단 – 발색단

그것은 우리들의 몸 속에 오랫동안 억눌린 갈증이다. 꽁꽁 묶인 단어들을 우리는 말할 수가 없었다. 꿈 속의 입술로밖에는 말할 수가 없었다. 당신의 몸이라는 풍경에서 식물이 자라나는 기적을 둘러싼 모든 것. 당신의 형상에 관해 꽃의 솜털이, 강의 졸졸거리는 소리가 대답하였다. 나의 촉각에. 당신의 입술은 과즙을 머금은 그 모든 열매, 석류의 피, 마메이의 석양, 정화된 파인애플과 같다. 내 가슴이 당신을 파묻었고, 당신의 경이로운 형상은 손끝을 타고 들어와 나의 피 전체에 퍼졌다. 떡갈나무 본연의 향기, 호두의 기억, 물

푸레나무의 새파란 숨결. 지평선과 풍경 = 입맞추며 지나쳤다. 단어의 망각은 우리의 감은 두 눈이 바라보는 것을 이해하기 위한 보다 적절한 언어를 형성한다 = 당신은 존재하지만 형체가 없다. 당신은 나의 방 한 켠에 만들어진 온 우주이다. 당신의 부재는 시계 소리에서, 빛의 맥박 속에서 오스스 돋아난다. 당신은 거울을 통해 숨을 쉰다. 나는 당신의 전신을 떠돈다. 나는 일분간 당신과 함께 있다. 나는 한 순간 당신과 함께 있다. 그리고 나의 피는 나와 당신의 심장을 잇는 한 줄기 기적의 바람이다.

여자. ×××××××××××××

남자. ×××××××××××××

나의 몸이라는 풍경에서 식물이 자라는 기적은 당신 속의 자연, 그 전부이다. 나는 그 자연 속에서 부유한다, 둥근 언덕을 손가락으로 애무하며. 나의 손은 소유에 대한 갈망으로 그늘진 골짜기를 관통한다. 그리고 부드럽고, 푸르고, 싱싱한 나뭇가지로 나를 감싼다. 나는 모든 대지의 성(性)을 관통한다. 그의 열기로 나를 태우고, 내 온몸으로 여린 나뭇잎의 신선함을 일군다. 당신의 이슬은 언제나 새로운 연인의 땀이다. 사랑이 아니다, 부드러움도 아니다, 애정도 아니다, 그것은 삶 전체이다, 나의 것, 당신의 손에서, 당신의 입에서, 당신의 가슴에서 내가 발견한 것. 내 입은 당신의 입술에서 나는 아몬드 맛을 기억한다. 결코 노출된 적 없는 우리만의 세계. 오직 하나의 산 만이 다른 산의 마음을 이해한다. 시시각각으로 당신의 존재는 내일에 대한 불안한 기대처럼 나의 전부를 휘감는다. 그리고 나는 당신과 함께 있음을 느낀다. 이 순간 흥분으로 가득하여, 내 두 손을 오렌지 과즙에 담그고, 그리고 내 몸이 당신의 품에 안겨 있음을 느낀다.

여덟 페이지에 달하는 장문의 글로, 디에고에게 보내는 연서로 서문을 연다. 디에고와의 성 관계에 대한 느낌을 시적으로 표현하기도 하고, 본인의 깊은 내면, 그리고 색상, 예술에 대한 생각도 언급하고 있다. 특히 43페이지의 "조색단(Auxocromo: 색을 흡수하는 원자단)"과 "발색단(Cromoforo: 색을 방출하는 원자단)"이란 단어들은 중요하다. 프리다는 디에고와의 관계를 단순한 사랑을 넘어 예술(회화繪畫)로 연결된 관계라고 생각했다. 디에고를 "조색단", 자신을 "발색단"이라고 말하는 이유가 바로 이 때문이다. 이 단어들은 이후 그녀의 일기에 자주 등장하는데, 위와 같은 이유 때문이라는 것을 알아두면 읽는데 무리가 없을 것이다.

41페이지와 44페이지 두 장은 편지 형식의 일기인데, 그 중 44페이지에는 멕시코의 전통 머리 장식을 쓴 사람들을 하단에 그렸다. 마치 걸어 다니는 유령처럼 보인다. 이는 본문의 "저는 당신이 제게 준 선을, 형태를, 그림자를, 움직임을 이해하고 싶어요."에 대한 표현으로 보인다. 43페이지의 "1922년"은 프리다가 명문 국립 예비학교에 입학한 해이자, 벽화 작업 중이었던 디에고를 만난 해이다.

48페이지 하단의 그림에서는 눈물을 흘리는 눈과 나뭇가지 등의 다양한 형상들이 혼재하고 있다. 아래로 뻗어나가는 선들은 나무의 뿌리, 혹은 인체의 신경선, 혈맥처럼 보인다. 디에고를 향한 그녀의 뿌리 깊고도 억제할 수 없는 사랑이 느껴지는 부분이며, 텍스트에서 말하는 것처럼 "나의 모든 것이 그의 것"이라는 그녀의 심정이 강하게 뿜어져 나온다. 특히 눈물을 흘리는 눈들은 미래에 대한 두려움을 나타내며, 우측 하단에 희미하게 표기된 "디에고"와 더불어 이 순간 그와 함께 있다는 기쁨, 그러나 그를 늘 옆에 둘 수 없는 슬픔의 표현이다. 이는 돌로로사(dolorosa)[1], 요로나(Llorona)[2] 등을 연상시킨다.

---

[1] 그리스도의 죽음에 비통해 하는 성모 마리아 상
[2] 멕시코 민간신화에 나오는, 아이를 갖지 못하는 여인들을 위로하기 위해 눈물을 흘리는 여인. 신화의 내용은 다음과 같다. 멕시코 인디오 여인이 스페인 상류층의 남자와 사랑에 빠진다. 그리고 3명의 자녀를 두지만, 신분의 차이 때문에 몰래 숨기면서 키우게 된다. 아이들의 친부인 스페인 남자에게 육아와 관련하여 도움을 요청해봐도, 그는 주위의 시선이 두려워 거절한다. 이 후 남자가 같은 스페인 상류층의 여자와 결혼하자, 인디오 여인은 낙심하여 3명의 자녀 모두와 함께 물 속에 뛰어들어 죽는다. 그녀는 귀신이 되어서 모든 아마존의 물가에 나타나 계속 자식들을 도와달라며 운다고 한다. 노래로도 유명하다.

나의 디에고를 위해

생명은 세상의 말없는 선물입니다, 가장 중요한 것은 환상이 아니에요. 아침은 태어나고, 붉은 친구들, 대단한 파란색, 손 위의 나뭇잎들, 시끄러운 새들, 머리카락 위의 손가락, 비둘기의 둥지, 인간의 투쟁에 대한 기묘한 이해, 부당한 행위에 대한 노래의 간결함, 내 마음 속 바람의 광기 = 소녀와 운율을 맞추지 말아요 = 멕시코의 달콤한 쇼콜라틀(xocolatl)¹. 오래된, 입으로 들어가는 피의 격렬함 – 경련, 절정, 웃음 그리고 고운 이(齒), 진주 바늘, 7월 7일을 위한 어떤 선물, 그것을 요청합니다. 나에게 오기를, 노래합니다. 노래했죠. 오늘부터 우리의 마법 – 사랑을 노래할 거예요.

초콜릿을 의미하는 "Xocolatl"이라는 글자의 잉크가 뒷장에서부터 배어나와 있다. 프리다는 잉크의 번짐과 같은 다양한 우연들을 일기 작성에 자주 이용하였다.

특이한 것은 초콜릿을 "초콜릿(Chocolate)" 대신 "쇼콜라틀(Xocolatl)"로 표기하고 있다는 점이다. "쓴 물"을 의미하는 쇼콜라틀은 16세기에 스페인이 마야(Maya)와 아즈텍(Aztec)을 정복한 이후 스페인어로 옮기는 과정에서 "초콜릿(chocolate)"이 되었다.² 이 쇼콜라틀은 원래 아즈텍 종교의식 중 봉헌용으로 쓰였던 신의 음료였다. 원료 열매인 카카오는 화폐로 사용되기도 하였다.

이 글에서는 디에고를 향한 사랑이 서정적으로 표현되어 있는데, 특히나 문장이 상당히 시적이다. 붉은색 잉크가 이러한 감성을 보다 애틋하게 하게 한다. 37페이지에서 설명한 붉은색의 의미, 그 중에서도 "가장 강렬하고 오래된" 혹은 "피"라는 의미를 곱씹어 보면 더욱 그렇다. 좌측에 세로로 "나의 디에고를 위해(Para Diego Mio)"라는 문장을 푸른색 볼펜으로 적은 것은 이러한 서정에 대한 방점이 아닐까? 슬픔과 행복이 교차하는 복잡한 심경을 토로하는 것이다.

1 초콜릿을 뜻하는 나우아틀어
2 현재의 '초콜릿(chocolate)'이라는 단어는 600년경 중앙아메리카(Central America)의 마야(Maya)인들이 만들어 먹은 '쇼콜라틀(xocolatl)' 이라는 음료에서 유래된 것으로 추정된다.((스위스 초콜릿 Swiss chocolate), 세계 음식명 백과, 네이버&마로니에북스 외)

la vida callada dadora
de mundos, lo que mas
importa es la no ilusión.
la mañana nace, los
rojos amigos, los grandes
azules, hojas en las manos.
pájaros ruidosos, dados
en el pelo, ruido de paloma
raro, entendimiento de la
lucha humana, sencillez
del canto de la sinrazón
locura del viento en me
corazón, que no rumien niña
dulce xocolat del méxico
antiguo, tormenta en la
sangre que entra por la
boca - convida de augurio,
risa y dientes mas agujas
de perla, para algun regalo
de un siete de julio, lo
pido, me llega, canto,
cantado, cantaré desde
hoy nuestra mágia-amor.

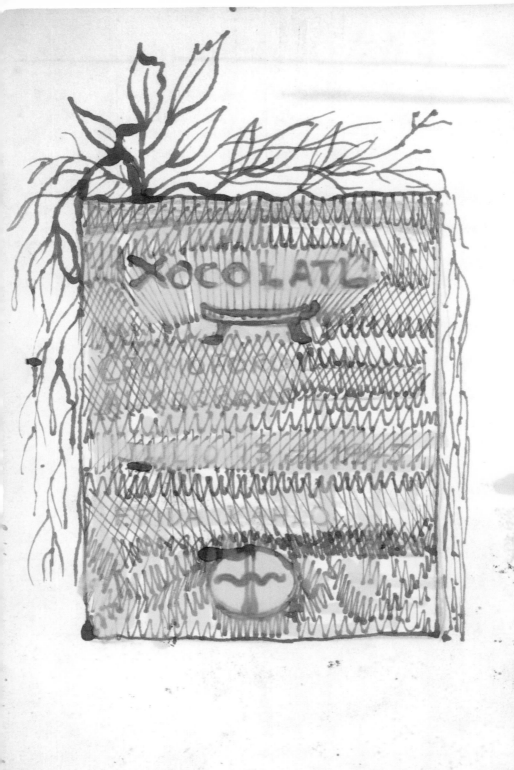

쇼콜라틀
발색단(發色團)
조색단(助色團)
1945년 7월 13일
프리다 칼로

디에고가 선물한 초콜릿의 상자를 묘사한 후 그 위에 다수의 선과 글자, 이미지를 추가한 그림이다. 그림의 중앙에 표기된 "1945년 7월 13일"은 이 그림을 일기장에 그린 날짜이다. 여기에서도 디에고와의 예술적 관계를 상징하는 조색단(Auxocromo)과 발색단(Cromoforo)이 언급된다. 하단의 원은 음양 문양으로 보이고, 좌측 상단에는 가지(혹은 뿌리)를 그려 넣었다. 둘 다 갈색으로 그렸는데, 이는 초콜릿의 기원, 그리고 음양과 관련된 아즈텍 전통 간의 연관관계를 말하는 것으로 보인다. "Xocolatl"이라는 글자 바로 아래에는 나무틀을 그려 넣었는데, 이는 메따테(metate)*라는 도구로 과거 초콜릿을 찧기 위해 쓰였던 것이다.

그런데 사랑의 선물을 그린 그림임에도 불구하고, 어쩐지 병색이 완연한 분위기이다. 심지어 그림 상단의 나뭇가지는 말라 비틀어져 있다. 디에고에 대한 사랑의 힘겨움, 혹은 자신에게 일어난 비극 때문일까?

* 나우아틀어

A a A a A a A a A

아달히사* – 전조 – 숨
향기 – 사랑 – 안테나 – 새 –
큰 차이 – 높이 – 여자친구 – 파란색
모래 – 철사 – 오래된
별 – 겨드랑이 – 열린 – 노랑색
즐거움 – 사향 – 라벤더
조화 – 아메리카 – 사랑받은
예술가 – 아카시아 – 놀람 – 이렇게
경고 – 마노(瑪瑙) – 어제 – 황금의
새벽 – 사도(使徒) – 나무 – 묶다
제단 – 높은 – 적중 – 꿀벌
방주 – 통풍이 잘 되는 – 무기 – 거기
비통

이 일기 역시 단어 놀이와 같은 형식을 띠고 있으나, 17~19페이지와는 달리 단어들이 전부 "A" 모음으로 시작한다. 그런데 일기가 "노란색(Amarillo)"이란 단어로 불안하게 시작된다. 노란색은 37페이지에서 프리다가 언급한 바와 같이 광기, 질병, 두려움 등과 밀접한 관계가 있는 색이기 때문이다. 일기 하단의 그림은 뒷장에서 색이 배어나와 알아보기가 힘들다. 다만, 글의 마지막에 있는 "비통(amargura)"이라는 단어를 통해 그녀가 그림으로써 표현하고자 한 정서를 짐작할 수 있다.

이처럼 단어의 자음 또는 모음으로 운율을 만드는 것은 207페이지, 234페이지에서도 확인할 수 있다. 207페이지의 경우 "R"로 끝나는 단어들, 즉 "고통(Dolor)", "뜨거움(Calor)", 그리고 "사랑(Amor)" 등이 나열되어 그녀의 내면을 드러내고 있다. 234페이지는 "고요한(Callada)", "테우아나(Tehuana)", "마리아나(Mariana)", "뚜렷한(Claras)", "희망(Esperanza)" 등 "A" 모음으로 끝나는 단어들을 연결시켜 운율을 갖춘다.

* 아달히사 네리(Adalgisa Neri, 1905.10.29~1980.06.07) 브라질 시인, 기자, 정치가

A a A a A A a A a A

Adalgisa - augurio - aliento
aroma - amor - antena - abe-
abismo - altura - amiga - azul
arena - alambre - antigua
astro - axila - abierta - amarillo
Alegría - Almizcle - Alucema
rmonía - América - Amada
gua - Ahora - Aire - Ancla
Artista - acacia - asombro - así
aviso - ágata - ayer - áurea
alba - apóstol - árbol - atar
ra - alta - acierto - abeja
rca - airosa - erma - allá
amargura

PAREJA EXTRAÑA DEL PAÍS DEL PUNTO Y LA RAYA.

OJO-ÚNICO, CASÓ CON LA BELLÍSIMA "NEFERISIS" (LA INMENSAMENTE SABIA) EN UN MES CALUROSO Y VITAL...

NACIÓLES UN HIJO DE RARA FAZ Y LLAMÓSE NEFERÚNICO, SIENDO ÉSTE EL FUNDADOR DE LA CIUDAD..."

점과 선으로 이루어진 나라의 이상한 한 쌍

● ———— ● ———— ●

"외눈박이"는 덥고, 활기찬 어떤 달(月, Month)에
굉장히 아름다운 "네페리시스(NEFERISIS)" (대단한 현자)와
결혼했다.
~~이 부부는 자식을 낳는다~~
이상한 얼굴의 남자 아이가 태어났고, 다들 그를 네페루
니코(NEFERÚNICO)라 불렀다. 그는 "로쿠라(LOKURA)"라
는 마을의 설립자이다

"네페리시스(Neperisis)는 미(美)와 풍요를 상징하는 창조신이자 현자"라고 프리다는 말한다.
그런데 사실 이 네페리시스는 프리다 자신이 만들어낸 신이다. 옆의 그림도 고대 이집트의 파
라오 아크나톤(Akhnaton)과 그 왕비 네페르티티(Nefertiti)를 묘사한 것이다. 이 중에서도 왕비,
즉 여신은 프리다 자신을 반영한 모습이다. 프리다는 이 두 명의 이집트 왕족을 자신의 신과
혼합하여 새로운 신화를 상상한 것이다.

　내용을 요약하면 다음과 같다. 네페리시스는 외눈박이와 결혼하여 아기를 갖는다. 아기는
네페루니코(Neferunico)라고 불리며, 이상한 얼굴을 가진 그는 후에 로쿠라(Lokura)라는 마을을
설립한다. 그런데 이 "로쿠라"가 재미있다. 이는 스페인어로 "광기"라는 의미의 "Locura"와 거
의 동일하다. 그녀의 신화, 그녀의 상상이 어떤 상태인가를 짐작할 수 있는 부분인 것이다.

　그녀의 작품 중 〈모세 혹은 창조의 토대〉는 지그문트 프로이트의 『인간 모세와 유일신교』
(1939)에서 힌트를 얻어 만든 작품으로, 종교와 신에 대한 그녀의 독서량과 박식함을 엿볼 수
있다. 이 일기도 이러한 지식을 토대로 작성된 것으로 보인다.

〈모세 혹은 창조의 토대〉, 1945

네페루니코의 초상화.
로쿠라 마을의 시조.

Retrato de Neferúnico.
Fundador de Lokura.

네페루니코의 초상화이다. 배경은 짙은 보랏빛이다. 수염 달린 네페루니코는 정면을 응시하고 있다. 네페루니코의 초상화라고는 하나, 눈썹이 프리다를 연상시킨다. 목걸이에서도 이를 추측할 수 있다. 이 그림에서처럼 조개껍질로 만든 목걸이는 프리다가 자주 착용했다. 이마에 있는 눈은 직관의 힘을 나타내며, 디에고를 의미한다. 디에고는 이마에 이 "제3의 눈"을 가지고 있는 모습으로 그녀의 그림에 자주 등장한다.

Retrato de Nefernénico.
Fundador de LoKura.

SU HERMANO
NEPERDÓS

그의 형제
네페르도스 SU HERMANO
NEFERDÓS

62페이지의 그림은 네페루니코의 형제 네페르도스(Neferdos)를 그린 그림이다. 투탕카멘, 스핑크스 등 여러 가지 형상들이 혼합된 것처럼 보인다. 한편으로는 이집트 조각을 연상시키기도 한다.

인물의 이마에는 "제3의 눈"이 있다. "제3의 눈"은 앞서 언급한 바와 같이 지혜의 상징이다. 목에는 심장을 상징하는 하트 모양을 펜던트처럼 두르고 있다. 이는 산 제물을 바치던 아즈텍 신화에 기반하고 있는데, 이 장에 그려진 네페르도스의 형상은 곧 제물을 원하는 힘 있는 권력자의 모습을 상징한다.

아베
리아 AVE
RiA

63페이지의 그림은 아베(Ave: 새)+리아(ria: 상처 받은), 즉 "상처 받은 새"를 말하고 있으며, 그림도 이를 직접적으로 묘사하고 있다. 하지만 아무리 봐도 "아베 마리아(Ave Maria)"를 연상시킨다. 자신을 아픈 비둘기[1]로 표현하여, 신에게 고통을 호소하고 있음이 절절히 느껴진다.

---

1 프리다는 키가 작고 날씬했으며, 자신을 "부서질 것 같은 연약함"을 상징하는 작은 비둘기라고 불렀다. 디에고는 뚱뚱했고, 키가 거의 2m에 가까웠다. 사람들은 그를 코끼리라는 애칭으로 불렀다.

66~67페이지의 그림은 노란색이 주조를 이루는데, 전체적으로 불안한 분위기를 물씬 자아낸다. 두 페이지의 중앙과 하단에 걸쳐 서로 대칭을 이루는 얼룩(물감이 번지면서 생긴)이 있는데, 이는 데칼코마니 기법을 이용한 것이다.[2] 물감이 번진 부분을 마치 의도한 것처럼 자연스럽게 이용하였다. 프리다는 우연히 생긴 이 검은 얼룩을 이용하여 야수를 표현하였다. 이 야수는 로물루스[3]가 로마를 세울 때 가장 먼저 제물을 바쳤던 신, 야누스를 상징한다. 야누스는 두 얼굴을 가진 로마의 신으로, 집이나 도시의 문을 지키는 수호신이다. 피카소의 그림에도 자주 등장하는 소재이며, 1월 1일 또는 시작과 끝을 상징한다. 서로 반대 방향을 보고 있는 두 개의 얼굴 중 하나는 과거를 보고, 다른 하나는 미래를 본다. 이 신을 그린 것은 곧 프리다가 자신의 이중성을 표현한 것으로 볼 수 있다. 즉, 강한 외견에 숨겨진 자신의 나약함을 은근슬쩍 드러내는 것이다.

66페이지 그림의 좌측 상단에 있는 여인상은 가슴이 도드라지고, 소, "제3의 눈", 닭, 손, 심장, 다리 등의 이미지들이 주변에 산재해 있다. 병마에 대한 그녀의 두려움이 느껴진다. 중앙 상단의 남성기와 그 옆에 웅크린 여인의 형상, 그림의 하단을 양분하고 있는 남성과 여성의 얼굴은 자신의 욕망(성적인)을 외면하는 디에고와 그로 인한 외로움을 상징한다. 외로움이란 결국 같이 있으면서도 서로 다른 곳을 보는 것일 터. 남성과 여성은 서로 다른 곳을 보고 있으며, 남성은 디에고를, 여성은 프리다를 연상케 한다는 점에서 이러한 외로운 감정이 확연히 드러난다.

67페이지의 왼쪽 하단에는 아시아인의 얼굴이 크게 묘사되어 있다. 기괴한 동물들이 그 얼굴 주변에 산재해 있다. 우측 하단의 "쓰러진 병사(Soldado Caido)"라는 문장은 그 밑의 검은 얼룩을 의미한다.

2 데칼코마니 기법을 의도하여 사용하였는지는 알 수 없다. 그녀는 일기장에 그림을 그릴 때, 물감이 번지면 번지는 대로 둔 후 그것을 이용하여 다른 그림을 그리거나 글을 쓰기도 했다.
3 로마 건국의 전설적인 영웅. 전설에서는 로마의 초대 왕이라고 되어 있다.

현실 세계 mundo real

"현실 세계"라는 제목이 붙은 이 그림도 앞 장에서 번진 검은 얼룩을 이용하고 있다. 또한 그림의 전체적인 분위기 등에서 앞선 두 장의 회화적 서사를 공유하고 있다. 다만 전체적으로 색이 밝고, 형상이 더 명확하다. 앞 장의 기괴한 동물(얼룩을 이용한)은 천사로 변하였고, 하단의 얼룩은 여성화된 부처로 변화하였다. 좌측 상단의 커다란 손은 디에고(로 보이는 인물)를 보호하고 있다.

이 그림에는 재미있는 점이 있다. 평화를 상징하는 비둘기와 변을 보고 있는 여자 누드를 함께 그려놓고, 그 위에 "현실 세계"라는 제목을 붙여 놓은 것이다. 이는 곧 종교적, 이념적으로 아무리 평화를 부르짖어도 현실은 똥(쓰레기)과 같다는 조롱의 뜻을 내포한다.

태양을 향한 춤 danza al sol

이 역시 앞 장에서 번진 얼룩을 이용하고 있다. 다만 얼룩이 앞선 세 장들처럼 짙게 번져 있지는 않다.

그림의 분위기는 앞선 세 장들보다 한층 더 밝다. 축제인 듯, 동물들이 사방에서 춤을 추고 있다. 그림 중앙에는 두 마리의 털이 없는 이츠쿠인틀리(Itzcuintli) 개*가 있고, 하단에는 신비스런 모습의 아즈텍인들이 태양이 작열하는 사막에서 종교의식을 치르고 있다. 이는 사람, 동물 모두가 하나임을 상징한다.

68페이지의 그림과 함께, 회화에 대한 그녀의 방대한 지식과 수준 높은 전문성을 엿볼 수 있는 그림이다. 장식적이면서도 꽉 채운 화면 구성, 그리고 색감 등은 고전적인 바로크 양식에 가깝고, 기괴한 형상 등을 통해 정치·문화적인 테마를 혼합한 부분은 아방가르드 현대 미술에 가깝다. 서로 상이한 두 양식을 동시에 구사하고 있는 것이다.

---

*   멕시코의 토종견. 아즈텍 신화에 나오는 짐승이기도 하다. 죽음을 상징하는 신 솔로틀과 연관되어 있다.

danza al sol.

Monumento
estúpido.....

춤의 절정에 이른 가면들
MÁSCARAS EN PLENA DANZA

74~75페이지의 그림 역시 데칼코마니 형식을 이용하고 있다. 중앙에는 얼룩을 이용한 그림이 양 페이지에 걸쳐있다. 이는 야누스를 상징한다. 앞서 65페이지에서도 언급한, 그녀가 가진 이중적, 복합적 감정의 표현인 것이다. 그녀에게 이중적, 복합적 감정은 어떤 의미일까? 〈가면〉을 예로 들면 좀 더 쉽게 이해할 수 있겠다. 이는 자화상임에도 불구하고 그녀의 얼굴과 닮지 않았다. 또한, 웃는 것인지, 우는 것인지 알 수 없는 미묘한 표정을 짓고 있다. 가늠할 수 없는 내면의 감정이란 결국 그녀, 나아가 모든 예술의 기저에서 물결치는 창조의 파동인 것이다.

〈가면〉, 1945

나는 붕괴 자체이다

Yo soy la DESINTEGRACIÓN

76~77페이지의 그림은 74~75페이지를 그리면서
뒷장으로 번진 얼룩을 이용한 그림이다. 앞서 야누스
의 얼굴이 있던 자리에 황소의 얼굴을 그렸다. 이 황소
는 바로 그리스 신화 속의 미노타우르스이다. 미노타우르
스는 반인반수(半人半獸)로, 피카소의 〈게르니카〉를 비롯한 여
러 작품에서도 등장한다. 다만, 황소의 머리에 남성의 몸을 하
고 있는 기존의 미노타우르스와는 달리 여기서는 황소의 머리
에 여성의 몸을 그려 넣은 것이 흥미롭다. 프리다는 이렇게 상
이한 요소들을 혼합, 조합시키는 작업을 좋아했다. 또한 그녀
는 인간이 남성성과 여성성을 동시에 가지고 있다고 생각했다. 이는 그녀가 결혼 15주년 기념
으로 디에고에게 선물하기 위해 그린 〈디에고와 프리다〉에서 여실히 드러난다. 소라껍질과
조개는 성적 결합을 의미한다. 평론가 사라 로에(Sarah M. Lowe)는 이것을 야누스적인 의미로
보았다.

76페이지의 그림은 전체적으로 디에고를 향한 사랑의 에너지를 머금고 있다. 그림 중앙에
위치한, 왼편을 바라보고 있는 여인 얼굴은 프리다와 매우 닮았는데, 줄기와 잎사귀에 얽혀 있
고 달과 태양 또한 겹쳐 있다. 자신이 가진 사랑에 대한 자신감, 긍지와 같은 것이 표정에서 드
러난다. 사랑을 하고 있는 여인은 두려울 것이 없으며, 카리스마 있게 자신의 앞날을 응시한다.

77페이지는, 연속된 그림임에도 불구하고 옆 장과 달리 처참한 분위기이다. 76페이지에서
묘사된 여인의 옆모습은 상술한 것처럼 여유와 카리스마가 넘친
다. 그런데 이 장의 여인은 기둥 위에 허리가 걸쳐 있고, 한쪽 다
리가 없으며, 팔과 손, 얼굴 등이 땅으로 떨어지고 있다. 얼굴은 아
래를 향하고 있는데, 고독이 깊게 묻어나는 표정으로 부서져 가는
자신의 몸을 무력하게 바라보고 있다. 여기에 검은 외곽선과 붉은
색으로 채색된 여인의 몸이 강렬함을 더한다. 기둥은 마치 무덤
같다. 배경은 푸른색으로 창백하다. 오른쪽 위에는 심지어 "나는
붕괴 자체이다"라는 문장이 적혀 있다. 부상으로 인한 그녀의 육
체적, 정신적 고통이 적나라하게 드러나는 것이다. 프리다는 이 그
림의 복사본을 만들어 따로 지니고 다녔다. 이 그림을 다친 신체
의 회복을 기원하는 봉헌화로 여긴 것이다.

〈디에고와 프리다〉, 1929~1944

El fenómeno,
imprevisto.

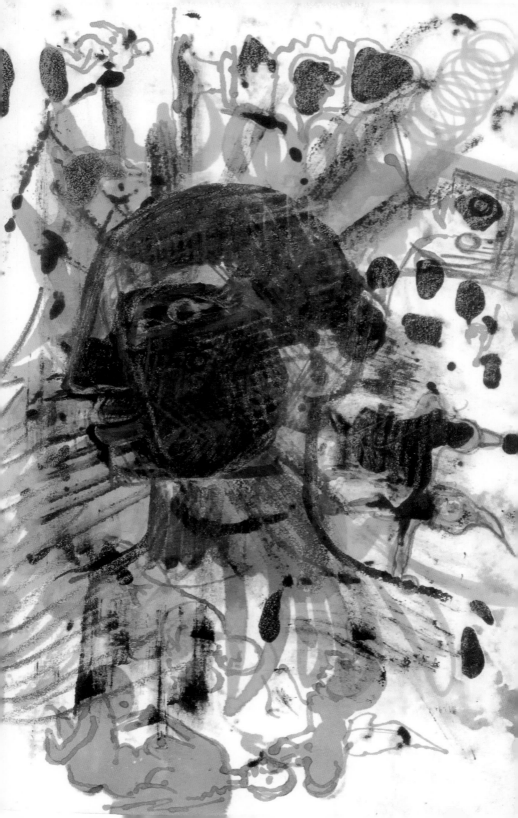

예상치 못한 현상.

El fenómeno, imprevisto.

프리다의 일기의 주된 테마는 사랑, 병마로 인한 좌절, 희망이다. 이러한 주제들이 단편적인 단어나 문장, 편지, 그림 등 다양한 형식을 빌어 표현된다. 따라서 그녀의 일기는 그 의미에서나, 가치에서나 통상적인 일기들과는 궤를 달리한다.

80~81페이지에서는 그 중에서도 "좌절"의 감정이 진하게 묻어나온다. 80페이지 상단에는 "예상치 못한 현상"이라는 제목이 붙어 있는데, 그녀의 인생을 뒤바꾼 가장 큰 사건인 교통사고, 그리고 디에고와의 결혼이 떠오른다. 이를 반영하듯, 그림에서는 사고로 인해 훼손된 신체, 고통, 한 치 앞도 내다볼 수 없는 인생에 대한 허무의 감정이 서슬 퍼렇게 피어오른다. 묘사된 형상들 또한 일반적인 형상이 아니다. 두 명의 여성상(像)에 온갖 기괴한 이미지들이 뒤섞여 있다. 예를 들어 그림 하단, 인물들의 다리 사이에는 유방과 남성기가 함께 묘사되어 있다. 일종의 링감(Lingam)[1]이다.

이 그림을 그리면서 그녀가 염두에 둔 것은 바로 여러 개의 머리와 팔을 가지고 있는 힌두교의 여신 칼리(Kali)이다. 칼리는 이마에는 "제3의 눈"을 갖고 있고, 파괴와 재창조의 신 시바(Shiva)의 부인이다. 칼리는 시간과 죽음의 여신으로 많이 알려져 있지만 성애(性愛)도 매우 중시하였다. 여성의 뒤편에는 시바의 아들이자 붉은 몸을 가진 가네샤(Ganesha)[2]의 귀가 보인다.

81페이지의 그림은 심지어 뚜렷한 형상도 없다. 중앙에 있는 여인의 얼굴을 중심으로 무언가 산산이 부서지는 듯하다. 사고가 자신에게 가져온 치명적인 파괴와, 더 이상 "(건강한)여성이지 못한" 스스로에 대한 절망과 고통의 몸부림인 것이다.

---

1   산스크리트어로 '광선'이라는 의미가 있으며, 힌두교도가 모시는 시바 신의 형상을 말한다. 남근과 여성기(요니:Yoni)가 합치된 모습이다.
2   시바와 칼리의 아들. 코끼리 얼굴에 사람 몸을 하고 있다.

이 그림은 89페이지의 글과 연결되어 있다. 좌측 상단의 큰 얼굴의 경우 가운데가 붙은 눈썹을 통해 그녀의 자화상임을 알 수 있다. 눈은 강하게 정면을 응시하고 있는데, 이는 얼굴에서 고통을 숨기고 싶었기 때문이다. 이마에는 마찬가지로 가운데가 붙은 눈썹을 가진 여인의 두상이 그려져 있다. 대못들이 날카롭게 박혀 있는 모습이 마치 십자가에 매달린 예수처럼 고통스러워 보인다. 이 위치는 원래 "제3의 눈"이 있는 자리이다. 또한 음양을 상징하는 태극, 그리스 신화에 나오는 이카루스의 형상 등이 산재해 있다. 우측 상단의 발 모양은 멕시코 고문서에 나오는 상징으로, "하늘나라로 간다"는 의미를 가지고 있다. 이러한 요소들과 말년에 쓰여진 일기라는 점으로 미루어볼 때, 이 그림은 프리다의 심적, 육체적 고통, 그리고 그 고통으로부터의 해방을 바라는 마음을 드러내는 것으로 보인다. 다만, 우측 상단에 있는 붉은색 원형의 얼굴은 여타의 상징들과는 다른 의미를 갖는다. 이 얼굴은 디에고의 얼굴이다. 고통의 와중에도 그녀는 오직 디에고 생각뿐인 것이다.

얼룩*은 살아있다고, 삶에 도움이 된다고 말하는 자, 누구인가? 잉크, 피, 냄새. 이러한 형태로 자신의 흔적을 남기기 위해 그가 어떤 잉크를 사용할지는 모르겠다.

그 요구를 존중하여, 나는 나의 세계에서 가능한 한 빨리 달아날 것이다.

잉크로 얼룩진 세계 – 자유의 땅이자 나의 것이기도 한. 저 아득한 태양이 나를 부른다. 나는 태양핵의 일부이기 때문이다. 바보 같은 소리. 부조리함과 도피 없이 내가 무엇을 할 수 있을까?
(1953년, 벌써 오래 전에 나는 유물론적 변증법을 이해했다.)

글 중앙의 검푸른 얼룩은 앞의 그림에서 번진 것이다. 또한 글의 배경에 희미하게 어떤 형상들이 나타나는데, 이는 뒷장의 그림에서 물감이 배어나온 것이다.

글은 "얼룩은 살아있다고, 삶에 도움이 된다고 말하는 자, 누구인가?"라는 질문으로 시작한다. 이어서 예술과 그림에 대한 생각을 풀어내고 있는데, 사용하는 상징이나 어투가 굉장히 철학적이고 시적이다. 그림, 혹은 인생으로부터 도망치고 싶지만 결국 어찌할 도리는 없는 존재의 부조리함, 그에 대한 쓸쓸한 감정이 느껴진다.

그녀의 일기는 삶의 연대에 맞게 순차적으로 작성되지 않았다. 먼저 쓴 글에 대해 추후 첨언을 하기도 했다. 이 글에서도 그러한 특징이 나타난다. 본문의 하단에 보면 푸른색으로 "1953년, 벌써 오래 전에 나는 유물론적 변증법을 이해했다"라는 문장이 표기되어 있다. 1953년은 그녀가 죽기 대략 1년 전이다. 즉, 이 문장은 말년에 자신의 글을 복기한 그녀가 첨언한 것이다. 이는 과거에 자신이 가졌던 혼돈과 불안(본문에서 토로하는)이 바로 그녀의 예술관 그 자체였음을, 삶과 예술에서 비롯되는 고통과 고뇌야말로 바로 그녀의 예술이었음을 말한다.

* 여기서 "얼룩"은 단순한 얼룩이 아닌 "그림"을 말한다

¡Quién diría que las manchas
viven y ayudan a vivir?
Tinta, sangre, olor.
No sé qué tinta usaría,
que quiere dejar su huella
en tal forma. Respeto la
instancia y haré cuanto
pueda por huir de
mí. Mundos

mundos entintados. tierra.
libre y mía. soles lejanos
que me llaman porque
formo parte de su núcleo.
Tonterías... ¿Qué haría yo
sin lo absurdo y lo fugaz?
953 entiendo. ya hace muchos años
la dialéctica materialista.

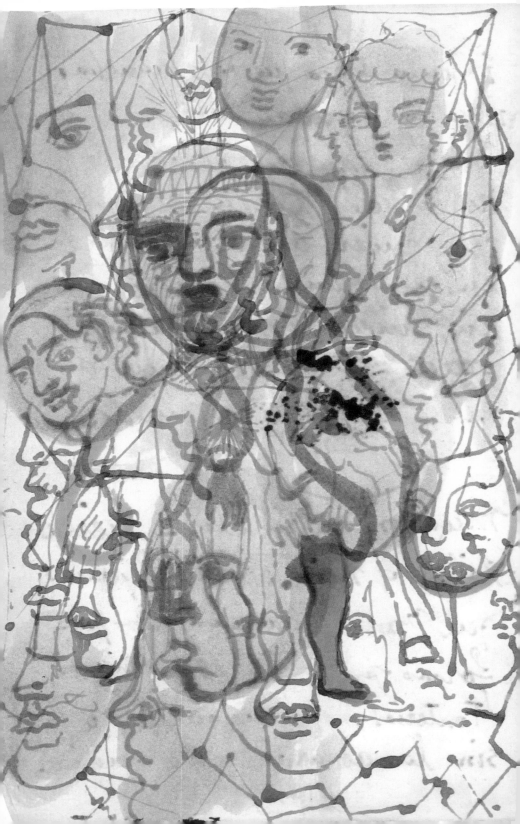

DESEO...

la que se paria a sí misma

que, nunca escribió el
más maravilloso poema
de su vida entera

DAR... Y mar

Yo amo a ... a nadie más

프리다: 욕망
자기 자신을 출산한 여자
이 셀티(ICELTI)[1]
그의 생을 통틀어
가장 아름다운 시를 나에게 써준 사람

줄 것이다...
바다(海)
하다
입맞춤하다
나는 디에고를 사랑한다,
그 말고는 아무도 없다.

〈붉은 베레모의 자화상〉, 1932, 연필화

프리다 칼로는 그림을 그릴 때 늘 의식에 잠재해 있는 인물들을 자신과 함께 등장시켰다. 91페이지의 그림에서도 그러한 경향이 엿보인다. 우측 중앙의 얼굴은 그녀의 유산한 아이를 의미하고, 좌측 상단의 얼굴들은 자신의 다중성을 의미한다. 좌측 중앙에서는 인물(여성)과 흙이 보이는데, 이는 스스로를 조각한다는 의미를 가지고 있다. 우측 하단의 인물은 카추차 모자[2]를 쓰고 있다. 학창시절에 대한 추억, 회상의 감정이 쓸쓸히 묻어나는 표정이다.

---

1 "혼자"라는 의미의 나우아틀어
2 서클 '로스 카추차스(los Cachuchas)'의 상징이었다. 이 서클은 프리다의 첫사랑 알레한드로 고메스 아리아스가 중심이 되어 교내에서 온갖 소동을 일으키고 다닌 악명(?) 높은 서클이었다.

정말 못생긴 "사람들"이군!

Qué fea es la "gente"!

이 그림에서 그녀는 디에고를 비롯한 여러 인물과 인종을 묘사했다. 물방울 같은 수많은 원 안에 하나하나 얼굴을 그려 넣었다. 그리고 검은 선으로 원의 외곽을 정리한 다음 좌측에 세 로로 "정말 못생긴 사람들이군!"이라는, 다소 익살스러운 코멘트를 달았다. 말은 "못생겼다" 고 하지만, 기실 사람에 대한 애정이 잔뜩 묻어난다.

밤의 9월. 하늘에서 내리는 물.

당신의 물기. 당신 손 안의 파도. 내 눈 속의 물체. 존재의 평온

과 폭력. 그것은 하나이자 둘이며, 고립되길 원치 않는다.

식물 – 호수 – 조류 – 사방에서 불어오는 장미향. 피의 강

모래, 태양 노래 입맞춤, 유적.

눈물 자매. 기묘한 이해. 이런 게 삶일 테지.

잔 – 마법의 바다.

델라웨어와 맨해튼 북쪽

꿈의 계곡. 비단. 빛. 노래. 금

꿈 어린 소년 비단. 빛 노래

융단. 웃음 – 모든 것은 그이다. 그녀.

그들. 나. 우리는 <u>하나의 선</u>이다

단지 하나일 뿐이다.

스탈린(1953)

말렌코프는 3월 4일에 떠났다.

내 혁명의 세계를 놀래키고 있다.

스탈린 만세. 말렌코프 만세.

Septiembre de noche. Agua desde
el cielo. humedad de ti. ondas
en tus manos. materia en
mis ojos. calma. violencia
de ser. de uno, que son
dos, sin querer aislarse.
Planta. lago. ave. rosa de
cuatro vientos. sangre frío
arena. sol canta. beso. ruina.
lágrimas hermanas. para
comprensión.   Así será vida.
Vaso. magia mar.
Delaware y Manhattan NORTE
Valle sueño. luz. canto. oro
sueño niño seda. diez canto
raso. risa. todo es él. ella.
ellos. Yo. somos una línea
una sola ya.

STALIN   (1953)

MALENKOV se fué.

esta maravillando al

4 de Marzo

Viva Stalin Viva Malenkov

Que es el mis.

el mundo revolucionario.

revolucionario.

둘. 소용이 없는 것은 나쁘다.
달... 최악이다
태양은 평범하다... 그렇지 않나?
겉으로 봐서는 그렇지?
그럼
물론이지.
그것을 부숴버려

〈두 명의 프리다〉, 1939
이 작품은 1947년 멕시코 국립예술원(INBA)
에서 구입하였는데, 그 당시 4천뻬소(미화 1
천달러)에 판매되었다. 프리다 생전에 가장
비싸게 팔린 작품이다.

〈두 명의 프리다〉는 그녀의 대표작이며, 크기도 가장 크다. 이 장의 글과 그림이 암시하고 있는
것이 바로 이 〈두 명의 프리다〉이다. 이 작품은 1939년, 디에고와 이혼한 후에 그려졌다.

이 일기는 글이 먼저 작성되었고, 그림은 추후에 그려졌다. 여러 번의 붓터치가 반복적으로
겹쳐 있는데, 그림에 깊이를 주려고 의도한 것인지 혹은 그리다보니 자연스럽게 그리 된 것인
지는 알 수 없다.

먼저 그림을 살펴보자. 세 개의 얼굴이 겹쳐져 있는데, 이는 야누스의 두 얼굴, 즉 과거와
미래, 그리고 여기에 현재 자신의 얼굴을 합친 것이다. 상단의 두 얼굴 중 전면에 도드라진 여
인의 얼굴은 그 표정에서 두려움과 동시에 모종의 강한 의지가 느껴진다. 고통, 그리고 사랑
의 투쟁을 치르고 있는 현재 자신의 모습이다. 여기에 겹쳐진 다른 여인의 얼굴은 강렬한 눈
빛을 하고 있지만 힘없이 사라져간다. 뚜렷하지 않은 미래에 대한 불신과 동시에 무엇이 닥쳐
와도 극복해보이겠다는 의지가 느껴진다. 바로 밑에 그려진 여인의 얼굴은 엄숙하고 성숙한
표정을 하고 있는데, 가운데가 붙은 눈썹에서 프리다가 떠오른다. 다른 얼굴들에 비해 비교적
앳되어 보인다. 과거는 늘 그렇게 우리를 지켜보고 있는 것이다.

이와 같은 그림과 배경에 표기된 글을 통해 우리는 어렴풋이나마 짐작할 수 있다. 현재 자신
이 가진 한계와 그로 인한 고통, 미래에 대한 희망, 그리고 젊은 시절에 대한 그녀의 그리움을.

당신의 모든 것을 이해합니다. 최고의 결합. 괴로워하고, 즐기고, 노여움을 사랑하고, 입맞추고, 웃음짓는. 우리는 같은 것을 위해 태어났어요. 발견하길 원하고, 발견한 것을 사랑하죠. 나는 감춥니다. 언제든 그것(사랑)을 잃어버릴지 모른다는 고통 때문에 당신은 아름답군요. 당신의 아름다움은 내가 준 것입니다. 당신의 커다란 우수, 그 안의 부드러움. 소박한 비애. 당신의 자유를 구속하는 모든 것에 반하는 무기. 당신을 얽매는 모든 것들에 대한 저항. 당신은 스스로를 사랑하죠. 나를 그 사랑의 중심에 두어 주세요. 내가 당신을 사랑하는 것처럼. 더 많은 것을 바라지 않겠습니다, 당신이 내 삶에 남긴 그 경이로운 기억, 그 보석이면 됩니다. 당신이 떠난다고 해도 그 보석을 줍지 않을 겁니다. 거리(距離)는 없습니다. 시간이 있어요. 내 말을 들어봐요, 당신이 찾는 것과 찾은 것들로 나를 어루만져 주세요. 나는 당신에게로, 그리고 나에게로 갑니다. 우리가 함께 불렀던 모든 노래처럼.

A.

Tú lo entiendes todo. La unión
definitiva. Sufres gozas amas ra-
bias besas ríes. Nacemos para
lo mismo. Querer desculo y
amar lo descubierto. oculto.
Con el dolor de siempre perderlo.
Eres bello. tu belleza yo te la
doy. Suave en tu enorme tris
Teza. Amargura simple. Arma
contra todo lo que no te libra.
Rebelión con todo lo que te encadena.
Te amas. Quiéreme como centro,
yo como a ti. No lograré más
que un recuerdo prodigioso de que
que pasaste por mi vida dejando
joyas que no recojeré sino
cuando te hayas ido. No hay
distancia. Hay tiempo. Óyeme
acaríciame con lo que buscas y
con lo encontrado. Me voy a ti
a mí. Como toda la canción mirada

이 그림에서는 성적인 상징들이 상당히 노골적으로 묘사되어 있다. 침대에서 디에고와 나누었던 사랑을 생각하며 그렸기 때문이다. 그림 하단에는 붉은 선이 에로틱하게 드리워 있으며, 흥분의 감각이 느껴진다. 그런데 이 와중에도 고통은 그녀에게서 떠나질 않는 모양이다. 그림 상단의 얼굴들이 슬프게 울고 있는 것이다. 그림의 중앙에서 묘사되고 있는 것은 말 그대로 남녀의 성교 장면이다. 유독 도드라지는 붉은색 다리 사이에는 입술이 그려져 있는데, 이는 작품에 대한 작가의 사인이자 동시에 그림의 진실성(성적 욕망에 대한 그녀의 솔직함)에 대한 인증으로 볼 수 있다. 사실, 이 그림이 정말로 말하는 바는 다소 쓸쓸하다. 성욕과 고통을 동시에 묘사함으로써, 그녀는 병약함으로 인해 성관계를 가질 수 없는 자신의 처지와 그로 인한 착잡한 심정을 표현한 것이다.

오늘 1947년 1월 22일 수요일

당신은 나의 비 – 나는 당신의 하늘. 당신은 섬세함, 어린 시절, 삶 – 내 사랑 – 아이 – 노인 – 어머니와 중심 – 파란색 – 부드러움 – 당신께 나의 우주를 드립니다. 그리고 당신은 내 속에 살아요. 내가 오늘 사랑하는 사람은 당신입니다 = 모든 사랑으로 당신을 사랑합니다. 당신께 숲을 드립니다. 그 숲에는 제가 가진 것 중 가장 좋은 것들이 있는 별장이 있습니다. 당신이 만족하기를 바랍니다 – 나는 당신이 만족스럽게 살기를 원합니다. 비록 나는 늘 당신에게 터무니없는 외로움과 다채롭지 못한 사랑만을 주지만...

당신은 원하나요? 오늘 우리는 처음을 사랑합니다. 그리고 당신은 (나를) 당신의 어머니처럼 사랑했죠.

상단에 "오늘, 1947년 1월 22일, 수요일"이라는 작성일자가 기입되어 있다. 그녀의 일기 중 작성일자가 기입되어 있는 글은 상당히 드물다.

54페이지의 그림을 그린 1945년 7월 13일과 이 글의 작성일인 1947년 1월 22일까지 대략 18개월 동안 그녀는 여러 번 수술을 받는다. 수술과 입원이 반복되고, 이로 인한 식욕부진까지 겹쳐 그녀는 급격히 여위었다. 이때 그녀가 그린 작품이 〈희망이 없다〉와 〈희망의 나무, 굳세어라〉이다.

〈희망이 없다〉, 1945

〈희망의 나무, 굳세어라〉, 1946

Hoy miércoles 22 de Enero 1947
Tu eres lluvia - yo te cielo!
Tú, la frescura, la niñez, la
vaca - amor mío - niño viejo
madre y centro - azul - ter-
nura - Yo te entrego mi
universo y tú me vives.
Eres tú a quien amo hoy.
= te amo con todos los amores,
te daré el bosque
con una casita dentro,
con todo lo bueno que haya en
mi construcción, tú vivirás
contenta - Yo quiero que
tú vivas contento. Aunque
yo te dé siempre mi
soledad absurda y la mono-
-tonía de toda una complejí-
-ma diversidad de amores -
¿ Quieres ? Hoy amamos
los principios y tú amas-
-ta a tu madre. C.

"naturaleza" bien muerta

"자연" 충분히 죽어있다!

"Naturaleza" bien muerta!

스페인어로 정물화는 "나투랄레사 무에르따(Naturaleza muerta)"이다. 이를 직역하면 "죽은 자연"이다. 이를 그녀는 이 장의 그림 제목으로 차용하였는데, 중간에 "충분히"라는 부사를 넣어 그 의미를 강조하고 있다. 재치 있는 언어유희이자 시들어가는 자신의 모습에 대한 시적 은유이다.

이 그림은 여러 번 색을 덧칠하여 그렸다. 그림 속의 정물들은 아주 밀집되어 있고, 형태가 불안정하다. 이는 아마 그녀의 쇠약에서 비롯된 것으로 보인다. 병마로 인해 그녀는 점차 쇠약해졌으며, 그에 비례하여 그림에서 섬세함이 떨어졌다. 그리고 섬세함이 떨어진 만큼 그림은 점차 알아보기가 힘들어졌다.

꽃은 꽃이라고 보기 힘들 정도로 난삽한 형상이다. 우측 하단의 손목은 무언가에 묶인 채아래로 처져 있다. 병약한 신체에서 비롯된 프리다의 불안감이 느껴진다. 그림의 좌측 하단에 묘사된 도기는 망자의 유골을 보관하는 멕시코의 전통 함(函)이다. 그 옆의 꽃 항아리에는 사람의 얼굴이 그려져 있는데, 이는 프리다 자신이다. 그녀의 얼굴은 우측 상단에도 묘사되어있다. 얼굴 전체가 노랗고 입술이 굵다. 그림 전반에 어렴풋이 그려져 있는 얼굴들(옆모습)과 더불어, 마치 시들어가는 꽃들 중 하나와 같은 모습이다. 쇠약한 그녀의 모습이 그려진다.

이렇게 쇠약해가는 중에도 그녀는 많은 유화작품을 완성한다. 1950년 이전에는 자화상이 주를 이루지만, 그 후에는 정물화가 많았다. 초라해져 가는 자신의 모습 때문에 거울 앞에 서는 것이 두려웠던 것이다. 극심한 고통 때문에 일어나는 것조차 힘에 겨웠던 탓도 있다. 그녀는 침대 옆에 있던 사물들을 그리기 시작한다. 이 그림은 그녀가 본격적으로 정물화를 그리기 시작한 시발점이다.

아무도 모른다, 내가 얼마나 디에고를 사랑하는지. 나는 그 무엇에도 디에고가 상처입기를 원하지 않는다. 그 무엇도 그를 귀찮게 하지 말기를, 그리고 삶에 대한 그의 활력을 빼앗지 말기를.

그가 자신이 욕망하는 대로 살기를. 그리기를, 보기를, 사랑하기를, 먹기를, 잠들기를, 혼자이기를, 함께 있다는 것을 느끼기를. 하지만 결코 그가 슬프기를 원하지는 않는다. 만약 나에게 건강이 있다면 그에게 모두 주고 싶다.

만약 나에게 젊음이 있다면 그는 그 모두를 가질 수 있으리라. 단지, 나는 당신의

　　　　－어머니－만은 아니다

나는 배아이자, 어린 싹이며, 그것을 낳은 첫 번째 = 잠재적인 = 세포이다.

나는 가장 오랜 태초부터 "그(디에고)"이다... 그리고 가장 오래된 세포이다,

그 세포는 "시간"과 함께 다시 배아로 돌아간다.

~~"과학자들"은 여기에 대해서 뭐라고 말하지?~~

=의미=

다행히, 단어는 ××××××××××××××××× 하고 있었다.

누가 그들에게 절대적인 "진실"을 주었나? 절대적인 것은 없다 모든 것은 변한다, 모든 것은 움직인다. 모든 것은 혁명을 일으킨다 – 모든 것은 돌아오고, 그리고 간다.

Nadie sabrá jamás como quiero
a Diego. No quiero que nada
lo hiera, que nada lo moleste
y la quite energía que él nece-
sita para vivir —

Vivir como a él se le dé
la gana. Pintar, ver,
amar, comer, dormir, sen-
tirse solo, sentirse acompa-
ñado — pero nunca quisie-
ra que estuviera triste.

Si yo tuviera salud
quisiera dársela toda
si yo tuviera juventud
toda, la podría tomar.

no soy solamente tu
— madre —

soy el embrión, el

germen, la primera

célula que = en poten

cia = lo engendró ...

Soy ~~él~~ desde ~~L~~as

más primitivas ... y

las más antiguas

células, que con

el "tiempo" se vol-

vieron él

~~[tachado]~~

~~[tachado]~~ ?

~~[tachado]~~

~~XXXXXXXXXX~~ — ~~XXXXXXX~~
~~XXX, XXXXXXXX,~~ ~~XXXXXXXX~~
~~XXX XXXXXXXX.~~ ~~XXXXXXXXXXXXX~~

= Sentido =
afortunadamente, las
palabras se fueron ha-
ciendo ———————
¿ quién les dio la
verdad " absoluta ?

Nada hay absoluto.
todo se cambia, todo
se mueve, todo revo-
luciona — todo
vuela y va.

Diego principio.

Diego constructor

Diego mi niño

Diego mi novio

Diego pintor

Diego mi amante

Diego "mi esposo"

Diego mi amigo.

Diego mi madre

Diego mi padre.

Diego mi hijo

Diego = yo =

Diego Universo.

Diversidad en la unidad.

디에고　　시작
디에고　　제작자
디에고　　나의 아이
디에고　　나의 남자친구
디에고　　화가
디에고　　나의 애인
디에고　　"나의 남편"
디에고　　나의 친구
디에고　　나의 어머니
디에고　　나의 아버지
디에고　　나의 아들
디에고　　= 나 =
디에고　　우주
일관성의 다양성

왜 나는 그를 <u>나의</u> 디에고라고 부를까?
한 번도 나의 것이었던 적이 없고, 앞으로도 그럴 것인데.
그는 그 자신의 것이다.

신나게 달리면서 …

109페이지부터의 글은 이전의 글들과 비교하면 글자가 크고 글씨체가 정갈치 못하다. 펜에서 떨어진 잉크 자국은 그대로 방치되어 중간중간에 점처럼 얼룩져 있다. 병세의 악화 때문인 것으로 짐작된다. 무언가를 쓰다가 지운 흔적들을 비롯해 일기 곳곳에서 그녀의 좌절감이 느껴진다. 걸을 수도 없고, 누군가와 함께 할 수도 없고, 그 와중에도 디에고는 무엇 때문인지 늘 바쁘고……. 표현 하나하나, 문장 하나하나에서 이러한 고독, 그리고 그런 자신을 더욱 외롭게 하는 디에고에 대한 체념의 감정이 진하게 묻어난다.

112페이지는 그녀의 일기 중에서 대중적으로 가장 많이 알려진 글이다. 현실과 환상이 서로 교차하고 있으며, 여성성과 남성성이 공존한다. 그러다 115페이지에 이르러서 불현듯, 그녀는 현실감각을 되찾는다. 디에고가 자신의 소유물이 아니라는 것을 깨닫는 것이다. 하단에는 짙은 잉크 얼룩이 있다. 이를 이용해 특별히 무언가를 그리지는 않았다. 그럼에도 불구하고, "신나게 달리면서"라는 문장과 함께 초현실주의적 분위기를 조성한다. 그녀의 감각을 엿볼 수 있는 부분이다.

¿Porqué le llamo Mi Diego?
Nunca fuí, ni será mío.
ES de él mismo.

corriendo
a todo dar...

Paisaje polar.

극지(極地) 풍경 Paisaje polar

앞 장에서 배어나온 잉크자국을 이용해 펭귄을 그리고 있다. 땅은 갈라지고 얼어붙어 있으며, 하늘에는 두 개의 태양이 떠있다. 그 밑에는 다친 발이 외롭게 떨어져 있다. 그녀의 고통이 어떠한지 짐작할 수 있다.

실을 가지고 노는 개들 Perros jugando con hilo

116페이지와 마찬가지로, 앞 장에서 배어나온 잉크자국을 이용했다. 전체적으로 색상이 밝고, 유쾌하다. 두 마리의 개가 실타래와 실을 가지고 노는 모습을 통해 신체적으로 자유롭지 못한 자신을 위로하고 있다.

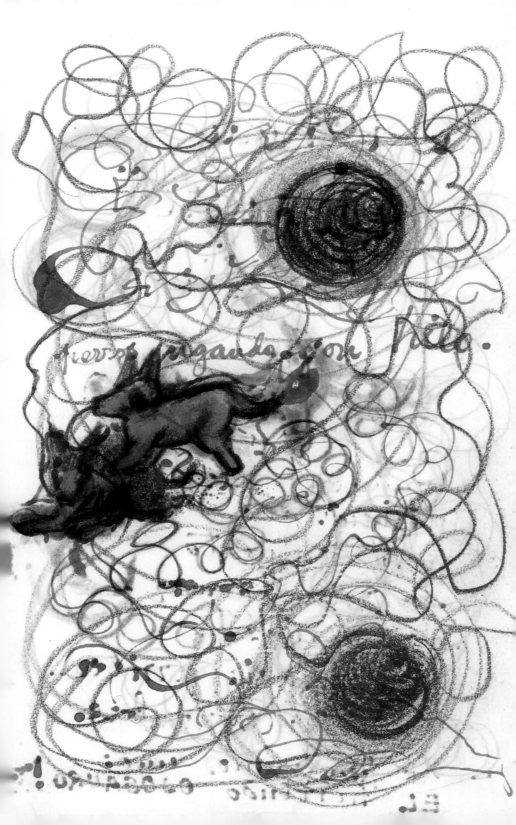

El horrendo
"Ojosauro"
primitivo

Animal
antiguo, que
se quedó muerto
para – encadenar
las ciencias.
Mira hacia arriba...
y no tiene nombre.
– Le pondrémos uno:
EL horrendo OJOSAURO!

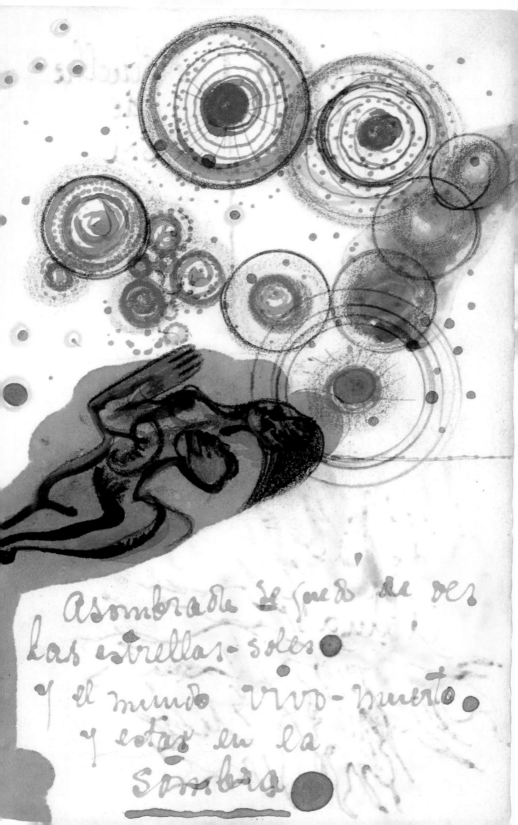

Asombrado se quedó de ver
las estrellas - soles
y el mundo vivo - muerto
y estar en la
sombra

소름끼치는
"오호사우로"
원시의
동물

오래된,
그것은 죽어 있었다.
과학을
속박하기 위해 –
위를 보고 있었다.
이름도 없이
 – 이름을 하나 지어 줘야겠다
끔찍한 오호사우로

깜짝 놀란 채 별들과 해를
보고 있다.
살아 있는 - 죽은 세계를.
그리고 그림자 속에 있다.

일기의 두 장을 모두 사용하여 그린 그림이다. "오호사우로(Ojosauro)"라는 단어가 눈에 띈
다. 스페인어로 "오호(Ojo)"는 "눈"이라는 뜻이다. "사우로(sauro)"는 그리스어로 "사우루스
(saurus)"와 동일한 의미인데, 둘 다 "도마뱀"이라는 뜻이다. 다만 "사우루스"는 "공룡"이라는
의미로 더 익숙하다. 즉 이 기괴한 생물은 "눈의 공룡"인 것이다. 이 검은 눈은 그림 속에서 특
이하고도 이상한 녹색 야수로 변화한다. 꼬리는 갈고리 형태이고, 코는 유니콘의 그것과 유사
하다. 뾰족한 뿔이 앞머리에 달려 있어 더욱 그런데, 신화에 따르면 유니콘의 뿔은 사악한 힘
을 막고 어떠한 질병도 고칠 수 있는 마법의 약이다. 머리는 어릿광대의 화관 같다. 뱀처럼 구
불구불한 모습이 마치 멕시코의 신 케찰코아틀(Quetzalcoatl)을 연상시킨다.

　121페이지에서는 여인의 형상이 보인다. 하단의 글은 여인, 즉 프리다 자신의 심정을 나타
내는 것으로 보인다. 글을 바탕으로 그림을 해석하면, 노란색 얼룩에 감싸여 있는 여인은 임
신한 상태로, 바닥에 누워 하늘의 별을 바라보고 있다. 태양, 별, 살아있는 세계와 죽음이 그녀
의 그림자에 감추어져 있다. 그리고 그녀(프리다)는 자궁에서 나올 수 없는 아이, 즉 세상에 나갈
수 없는 자신을 보고 슬퍼한다.

huella y huella
de de
pies sol

발의 지문 그리고 태양의 지문

huella de piés y huella de sol

앞 장에서 배어나온 잉크자국을 이용했다. 우측 중앙에 오른발이 그려져 있는데, 발등에 큰 상처가 있다. 이는 실제 프리다의 발로, 1932년에 생긴 이 상처는 늘 그녀를 괴롭혔다. 외곽이 푸른 선으로 처리되어 있는데, 붓기로 인해 발 모양이 변형된 듯하다. 그 밑에서 이글거리는 불꽃이 발의 고통이 얼마나 심한지를 말해준다. 중간중간 얼룩진 점들은 태양의 흑점처럼 열기로 가득하다. 이 그림은 〈물에서 본 것 혹은 물이 준 것〉을 연상시킨다. 〈물에서 본 것 혹은 물이 준 것〉은 프리다 인생의 여러 가지 사건들을 상징적으로 삽입한, 그녀의 대표작 중 하나이다. 특히 그녀만의 회화 언어를 엿볼 수 있다. 현실과 상상의 세계가 교차되며, 초현실적인 분위기를 자아내는 그림이다.

〈물에서 본 것 혹은 물이 준 것〉, 1938

사람들? 치마?

"고전" "사랑" ……
(화살이 없는)
단지
정자와
함께

참 흥미로운 그림이다. 임신한 천사는 목적 없이 부유하고 있고, 그녀의 주변에는 정자들이 떠다닌다. 그 위로 "고전, 사랑, (화살이 없는), 단지 정자와 함께"라는 문구가 냉소적인 분위기를 드리운다. 상단의 빨랫줄에는 옷들이 걸려있는데, 이에 대해 프리다는 "사람인가? 치마인가?"라고 묻는다. 사랑 없이 성교에만 관심 있는 사람들을 조소(嘲笑)하는 것이다.

gente?   flechas?

El "clásico" "amor"..............
                    (sin flechas)

                    solamente
                    con espermato
        Zoi...

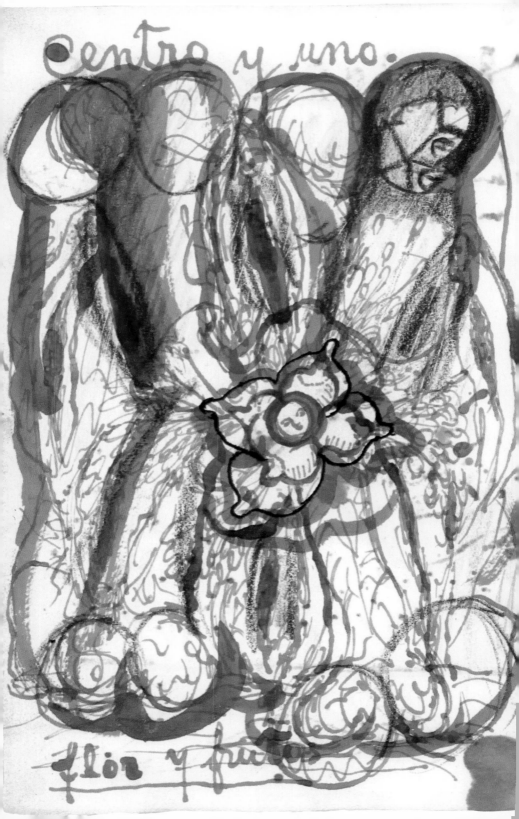

중심 그리고 하나 Centro y uno.

꽃 한송이 그리고 과일들. flor y frutos.

웃음보다 값진 것은 없다. 그리고 경멸 – 웃는 것은 힘이다. 자신을 잃어버리는 것이다. 잔안한 가벼운 것이다.

비극은 "사람"이 가진 가장 우스꽝스러운 것이다. 하지만 나는 확신한다. 동물들은 "괴로워도" 자신의 "슬픔"을 드러내지 않는다, 개방된 "극장"에서든, "폐쇄된 곳" ("가정(家庭)")에서든.

또한 그들의 고통은 더 정확하다. 어떠한 이미지보다 더,

사람들이 제각기 고통스럽다고 "표현하는" ×××× 또는 느끼는 것보다 더

Nada vale más que la risa
~~y el desprecio~~. Es fuerza reír.
y abandonarse. ser ~~cruel~~
ligero.
La tragedia es lo más
ridículo que tiene "el hombre"
pero estoy segura, de que los
animales, aunque "sufren",
no exiben su "pena"
en "teatros" abiertos, ni
cerrados" (los "hogares").
Y su dolor es más cierto
que cualquier imagen
que pueda cada hombre
"representar" ~~aunca a~~ sentir
~~como~~ dolorosa. ————

F...
...ta villa.
ARBOL es
TUYA
SOLa rio
VOY age
rame
...pre......
mezo

gota, sota, mota.
MIRTO, SEXO, foto,
LLAVE, SUAVE, BROTA
LICOR -mano dura
AMOR silla firme
GRACIA viva
VIVA PLENA
LLENA
SON.

SONRISA

TERNURA

미소

부드러움

물방울, 트럼프의 잭, 마리화나

도금양, 성관계, 부서진

열쇠, 부드러운, 싹

술 엄격한

사랑 튼튼한 의자

살아있는 은혜

가득한 행복

가득찬

그것들은...

그녀의 일기에서는 매우 드물게도 콜라주 기법을 시도했다는 점에서 흥미롭다. 에로틱한 여인의 사진을 붙여놓고 그 얼굴에 낙서를 해놓았다. 학창 시절, 교과서의 그림에 낙서를 하던 기억이 떠오르기도 하지만, 이 장의 전체적인 분위기는 전혀 장난스럽지 않다. 사진 주변의 문구들은 그림과 크게 연관이 없는 듯하다. 단어들은 몇 개의 예외를 제외하면 대부분 "A" 모음으로 끝이 나며, 그로 인한 음률을 만들고 있다. 빨강, 파랑, 노랑 등 여러 색깔이 글 위에 칠해져 있는데, 단어와 짧은 문구, 낙서된 사진 등과 아우러져 전체적으로 초현실주의적 분위기를 연출하고 있다.

Sadja
Sadja
379
항상

어렸을 때, 특히 소녀들 중에는 혹시 누군가 자신의 일기를 훔쳐볼까 봐 자기만의 비밀언어를 만들어 쓴 사람이 있을 것이다. 프리다 역시 그런 심정이었을까?

"Sadja"라는 단어는 한글로 "사드하"라고 발음되며, 이 후에도 종종 등장한다. "Sadja"혹은 "Sadha"는 산스크리트어(語)로서 "하늘과 땅"혹은 "진실과 진리"를 의미한다. "사드하"의 발음을 러시아 키릴 문자[1]에 적용하면 "작은 새"와 발음이 유사한데, 이는 또 독일어 발음 "카르마(Karma)"와 유사하다. "카르마"는 스페인어로 그녀의 중간 이름인 "카르멘(Carmen)"[2]이 된다. 카르멘은 그녀가 좋아했던 예명이기도 하며, 작품이나 편지에 사인으로 사용하기도 했다. 즉 "사드하"는 "하늘과 땅,", "진실과 진리"를 뜻하는 단어이기도 하지만 프리다 스스로를 가리키는 단어이기도 한 것이다.

한편, 프리다는 혼자만의 수수께끼처럼 알파벳에 번호를 매기기도 했다. 예를 들어 "A(1), B(2), C(3), D(4)"처럼. 그녀는 자신에게 가장 큰 고통을 준 여동생 크리스티나(cristina)를 "3", 디에고를 "4"로 지칭하였다. 또한, "3, 7, 9"에 대한 러시아어 발음을 이용하면 "호세 바르토리(B.Jose)"를 만들 수 있다.[3] 그는 프리다의 애인이었다. 하단에는 "항상(de siempre)"이라는 단어와 함께 태극을 그렸다.

자신만의 암호 하나를 만듦에 있어서도 동원되는 지식이 러시아어에서부터 산스크리트어까지 한두 개가 아니다. 보이는 것은 단순하지만, 그녀의 지식이 얼마나 방대한지 알 수 있는 일기이다.

---

1 키릴 문자는 그리스 정교와 함께 전파되었는데, 러시아에는 10세기경에 전파되었다. 현재 러시아 문자의 모체이다. 특히 러시아의 문화유산을 기록. 보존, 전파하는데 중요한 역할을 했다.
2 그녀의 풀네임은 "막달레나 카르멘 프리다 칼로 이 칼데론(Magdalena Carmen Frida Kahlo y Calderón)"이다.
3 이상 "Sadja"와 숫자 "3, 7, 9"의 의미는 Helga Prignitz-Poda, Salomon Grimberg 등이 공저한 『Frida Kahlo: Das gesamtwerk』(1988)의 해석을 참고했다.

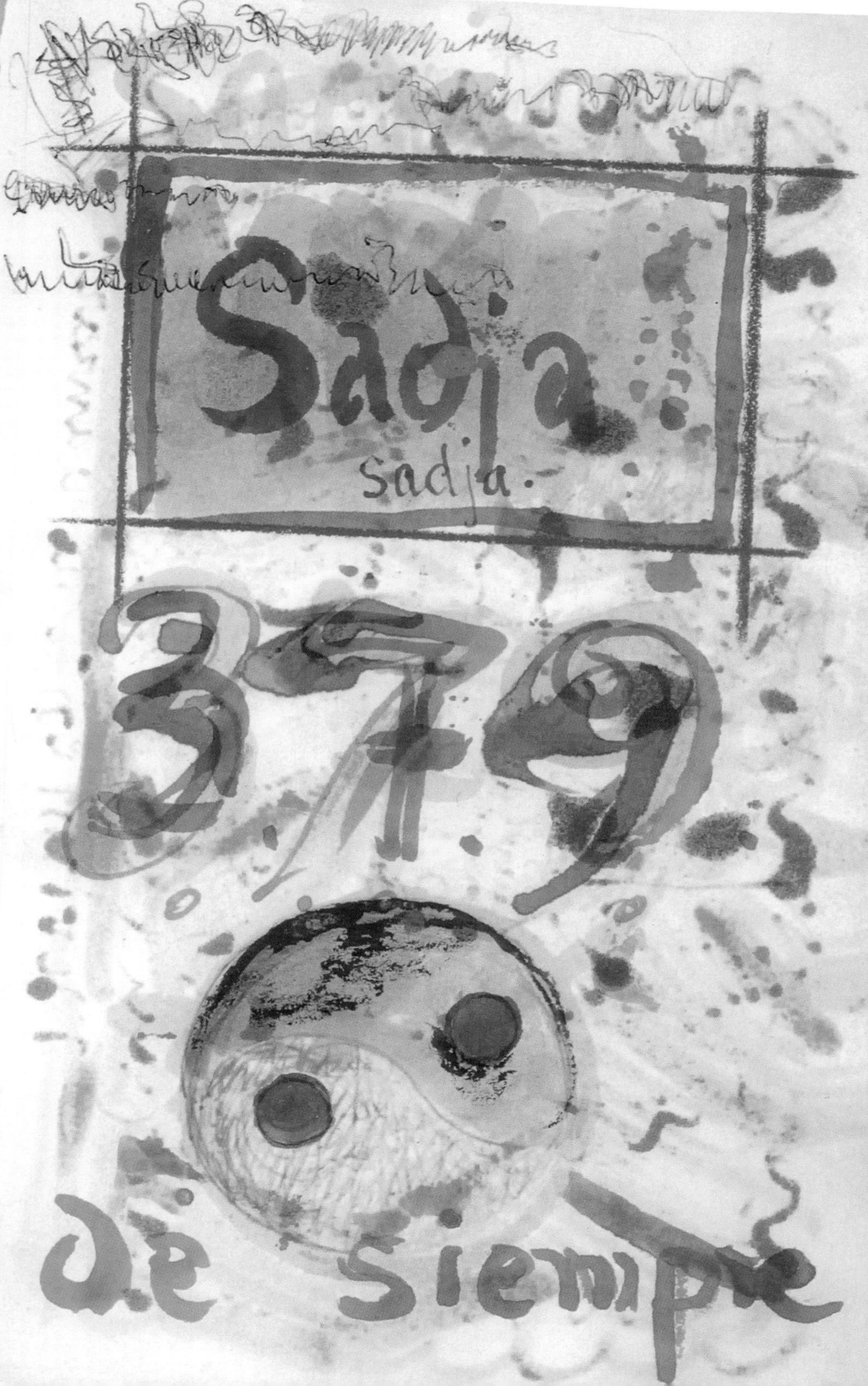
Sadja.
sadja.
379
de siempre

춤을 출 때의 움직임

Movimiento al danzar.

굵고 강한 선으로 춤의 움직임을 반복적으로 그렸다. 또한 서로 대비되는 색인 녹색과 붉은 색을 사용하여 시각적 불협화음을 야기한다. 강한 선과 색채, 형상 등에서 칸딘스키의 영향이 느껴지기도 한다.

1947

8월

하늘

땅

나 그리고

디에고

〈우주, 대지(멕시코), 나, 디에고, 세뇨르 솔
로틀의 사랑의 포옹〉, 1949

그녀의 일기에서는 드물게도 실제 작품의 기반이 된 스케치이다. 딱히 채색은 되어 있지 않
고, 드로잉도 아주 단순하다. 이 스케치를 기반으로 한 작품이 바로 〈우주, 대지(멕시코), 나, 디
에고, 세뇨르 솔로틀의 사랑의 포옹〉이다. 글에서도 "땅, 나, 디에고" 등의 문구가 작품 제목에
차용되었다는 것을 알 수 있다.

여기서는 단순한 스케치뿐이지만, 실제 유화작품에는 많은 상징들이 추가된다. 먼저 세 명
의 여인(부처처럼 보이는)이 서로 겹쳐있다. 상단에는 우주의 기를 상징하는 태양과 달을 그려
넣어 아즈텍의 음양 사상(처음과 끝/좋은 것과 나쁜 것)을 나타낸다.

중앙의 여인은 프리다 자신이며, 우주의 중심에 자리 잡고 있다. 그리고 무릎에 디에고를
안고 있다. 디에고는 아이의 모습으로 표현되어 있다.[1] 또한, 작품에는 스케치에서는 없던 개
의 그림이 삽입된다. 이 개가 바로 솔로틀(Xolotl)[2]로서, 그림의 좌측 하단, 커다란 손 위에 누
워 있다. 멕시코 신화에서 솔로틀은 죽음의 사자(使者)이다. 따라서 좌측, 즉 밤과 솔로틀은 죽
음을 상징하며, 낮과 서로 조화를 이룬다. 프리다 뒤의 여성은 아즈텍 신화에 나오는 땅의 신
시우아코아틀(Cihuacoatl)이다. 이 여신은 생식과 출산을 상징한다.

1 이는 디에고의 벽화 〈알라메다 공원의 일요일 오후의 꿈〉(1947~48)과도 긴밀한 연관이 있다. 이 벽화에서 디에고는 프리다를 손에 태극
   을 들고 어린 자신을 보호하는 어머니로 표현하였다.
2 아즈텍 신화에 나오는 신. 개의 형상을 하고 있다.

19 H +/25.
agosto

El cielo
la tierra

Yo quisiera ~~que~~ ~~nunca~~ ~~nem~~

~~~~ = ~~~~

~~~~ —

~~~~ poder hacer lo que

me dé la gana —

detrás de la cortina de

"la locura"

Así: arreglaría las

flores todo el día, pin-

taría, el dolor, el

amor y la ternura,

me reiría a mis

anchas de la estupidez

de los otros, y todos dirían:
¡pobre! está loca.
Y sobre todo me reiría de mi estupor.
Construiría mi mundo
que mientras viviera,
estaría = de acuerdo = con
todos los mundos.
El día, o la hora, o el
minuto, que viviera,
sería mío y de
todos.
Mi locura, no sería
un escape al
Trabajo.

para que me
mantuvieran los
otros, con su labor?

~~XXXXXXXXXX~~

La revolución es la
armonía de la
forma y del color.
Y todo está, y se
mueve, bajo una
sola ley = la vida =
nadie está aparte
de nadie -
Nadie lucha por
sí mismo.
Todo es todo y uno
La angustia y

el dolor - el placer.
y la muerte
no ~~es~~ son más
que un proceso
para existir:

~~XXXXXXXX~~ la lucha.
revolucionaria
~~XXXXXXXX~~

en este proceso.
es una puerta
abierta a la
inteligencia.

나는 ×××× ×××× ×××

××××× = ×××××

– ××××× –

××××× 내가 하고 싶은 것을 할 수 있으면 좋겠다. –

"광기"라는 커튼 뒤에서

이렇게 : 꽃을 다듬기, 하루 종일, 그림 그리기, 고통, 사랑 그리고 부드러움,
내 어리석음의 넓이를 비웃기.

다른 사람들에 대해, 모두가 수근댈 것이다: 불쌍하군! 그녀는 미쳤어.
무엇보다 나는 나의 어리석음을 비웃을 것이다. 나의 세계를 건설할 것이
다. 사는 동안, 내 것이 될 것이다 = 동의한 대로 = 모든 세상과 일(日), 시
(時), 또는 분(分), 삶은 내 것이 될 것이다. 그리고 모두의 것이 될 것이다 –
나의 광기, 그것은 "작업"으로의 도피는 아닐 것이다.

무엇을 위해
다른 사람들이 나를 부양했던 걸까,
그들의 노동으로써?

××××××××

혁명은 형태와 색의 조화이다. 그리고 모든 것은 그저 존재한다, 그리고 움직
인다, 오직 하나의 법 아래에서 =삶 = 그 누구도 외따로 존재하지 않는다 –
그 누구도 자신만을 위해 싸우지 않는다.
모든 것은 전체이자 하나이다.
고뇌와 고통. 기쁨과 죽음은 존재하기 위한 하나의 과정에 지나지 않는다.
이 과정에서의
×××× 혁명의 투쟁은
지성을 향해 열린 하나의 문이다.

이 다섯 장의 글에서는 무엇 때문인지 문장들이 많이 지워져 있다. 전체적으로는 혁명, 삶, 고
통, 기쁨, 죽음 등 다양한 개념에 대해 변증법적으로 사고를 전개하고 있다.

혁명 기념일
1947년 11월 7일
희망의 나무여, 굳건히 있으라!
나는 당신을 기다리겠어요 –
당신은 하나의 의미에 대답했습니다. 당신의 목소리로
인해, 나는 당신으로 가득합니다, 기다리고 있습니다.
당신의 말들이 나를 성장케 하고, 나를 풍족케 하기를

디에고
나는 혼자예요.

"혁명기념일"이라는 문구 밑에 "1947년 11월 7일"이라는 날짜가 표기되어 있다. 러시아에서
11월 7일은 11월 혁명(볼셰비키 혁명) 기념일이다. 10년 전인 1937년 11월 7일은 그녀가 레온
트로츠키를 위한 그림을 그려서 그에게 헌정한 날이기도 하다. 이 "1947년 11월 7일"이라는
날짜는 그러므로 혁명기념일에 대한 회상으로 볼 수 있다.

　당시 그녀는 40세였다. 그녀는 고통 때문에 마시던 술을 줄였고, 혁명에 대해서도 지속적
으로 관심을 가졌다. 글에서도 드러나듯, 간신히 자신의 마음 속에 뿌리내린 "희망의 나무"가
견고하기를 바란 것이다. 하지만 고독은 그녀를 꼭 붙들고 놓아주지 않았다. "디에고, 나는 혼
자예요"라는 문장은 다른 어떤 문장보다도
크다.

뒷 장에는 디에고를 비롯한 다양한 형상들
이 큐비즘 식으로 묘사되어 있다. 특히 148
페이지 하단의 건물 형상은 그녀가 태어난
푸른 집을 묘사한 것이다. 실제 집의 모습
과 (놀랍게도)똑같다.

Arbol de la Esperanza
mantente firme!
Yo te esperaré —
Respondiste a tu sentido
con tu voz y estoy llena
de ti, esperando que lle-
gará tus palabras que me
me harán crecer y me
enriquecerán

DIEGO
Estoy sola.

ORIGEN DE LAS DOS FRIDAS.
= Recuerdo =

Debo haber tenido seis años
cuando viví intensamente
la amistad imaginaria
con una niña.. de mi misma edad
más o menos.
En la vidriera de mi cuarto que
entónces era mi cuarto,
y que daba a la calle
de Allende, sobre uno de
los primeros cristales de la ventana
echaba "vaho"
Y con un dedo dibujaba
una "puerta".....
Por esa "puerta" salía en
imaginación, con una gran alegría y urgencia, atrave-
zaba todo el llano que se
miraba hasta llegar

...al punta... lechería que
se llamaba PINZÓN.... Por
la ⬤ de PINZÓN entra-
ba, y bajaba al interior
de la tierra, donde
"mi amiga imaginaria" me
esperaba siempre. No re-
cuerdo su imágen ni su
color. Pero sí sé que era
alegre, se reía mucho.-
sin sonidos. Era ágil.
y bailaba como si no
tuviera peso ninguno. Yo
la seguía en todos sus
movimientos y le contaba,
mientras ella bailaba,
mis problemas secretos. ¿Cuá-
es? No recuerdo. Pero ella

sabía por mi voz todas mis cosas... ya Cuando ya regresaba la... por la misma puerta dibujada en el cristal. ¿Cuándo? ¿Por cuánto tiempo había estado con "ella"? No sé. Puedo ser un segundo o miles de años... Yo era feliz. Desdibujaba la "puerta" con la mano y "desaparecía". Corría con mi secreto y mi alegría hasta el último rincón del patio de mi casa, y siempre en el mismo lugar, debajo de un árbol de cedrón, gritaba y reía asombrada de esta

Sola con mi gran felicidad
y el recuerdo tan vívido
la niña... Habrá pasado 34 años
desde que viví esa amistad
mágica y cada vez que la
recuerdo se reviva y se acre-
centa más y más dentro de
mi mundo. Frida.

PINZON 1950. Frida Kahlo

LAS
DOS
FRI
DAS

두 명의 프리다의 기원

=기억=

여섯 살 즈음이었을 것이다. 한 소녀와의 가상의 우정을 강렬하게 경험한 때가… 그 소녀는 얼추 내 또래로 보였다.

당시, 내 방의 유리창은 아옌데(Allende) 가(街)를 향해 나있었고, 첫번째 창문에는 "김"이 서렸다. 거기에 나는 손가락으로 "문" 하나를 그렸다… 그리고 그 "문"을 통해 상상 속으로 들어갔다, 아주 기쁘게, 그리고 조급하게. 나는 눈앞에 펼쳐진 온 평원을 가로질렀다, 핀손(Pinzón)¹이라는 이름의 우유가게에 도착할 때까지… 나는 "PINZÓN"의 "Ó"로 들어가 (불시에!)땅 깊은 곳으로 내려갔다. 그 곳에서는 "내 상상 속의 친구"가 언제나 나를 기다리고 있었다. 그녀의 모습이나 피부색은 기억나지 않는다. 하지만 쾌활한 아이였다는 기억은 난다 - 매우 쾌활해 보였다. 소리도 내지 않고, 그녀는 날렵하게 움직였다. 그리고 무게가 전혀 없는 것처럼 춤을 추었다. 나는 그녀를 졸졸 따라다녔고, 그녀가 춤을 추는 동안 나의 비밀스러운 문제들을 털어놓았다. 어떤 문제들이었냐고? 기억이 나지 않는다. 하지만 그녀는 내 목소리만으로도 나의 모든 것을 알았다… 창문으로 돌아갈 때에는 유리에 그렸던 그 문으로 들어갔다. 언제냐고? 얼마 동안이나 "그녀"와 함께 있었냐고? 모른다. 아주 잠깐 혹은 몇 천 년 동안이었을지도…, 나는 행복했다. 나는 손으로 그 "문"을 지웠고, 문은 "사라졌다". 나는 나만의 비밀과 즐거움을 품고 우리 집 정원의 마지막 모퉁이까지 달렸다. 그리고 언제나 같은 장소에서, 레몬 버베나² 아래에서, 소리를 지르며 웃었다. 존재한다는 사실에 놀라서.

나는 혼자였다. 커다란 행복, 그리고 <u>그 소녀</u>에 대한 매우 뚜렷한 <u>기억</u>을 간직한 채. 그 마법과도 같은 우정을 경험한지 어느덧 34년이 흘렀다. 그녀를 떠올릴 때마다 그녀는 나의 세계에서 다시 되살아난다.

이 글은 99페이지에서도 잠깐 언급한 〈두 명의 프리다〉의 창작 노트이다. 실제로 작품의 제작 배경을 엿볼 수 있는 중요한 자료이다.

이 글은 먼저 적었던 글 위에 다른 글을 덮어 쓴 것이다. 서둘러 쓴 듯 정갈치 못한 푸른색 글자 위에 갈색 글자가 더 크고 뚜렷하게 적혀있다. 내용은 마치 『이상한 나라의 엘리스』처럼 신비롭다. 어린 시절, 방에 홀로 있던 그녀는 손가락으로 김이 서린 창문에 문을 그린다. 그 문을 열고 나가, 핀존(pinzón)이라는 우유가게에 도착할 때까지 걷는다. 가게에 도착하면, 그녀는 "6"라는 글자 속으로 들어가 상상 속의 친구를 만난다. 그녀와 함께 춤을 추고, 함께 비밀을 나눈다. 그 곳에는 불안은 없고, 행복과 평안만이 가득하다.

153페이지 하단의 그림이 바로 상상 속의 친구와 만난 정경을 묘사한 그림이다. 어린 프리다가 유리창을 들여다보고 있고, 그 옆 간판에는 "두 명의 프리다(Las Dos Fridas)"라는 문구가 적혀 있다. 한 사람은 상상의 프리다이고, 또 한 사람은 실제의 그녀를 의미한다.

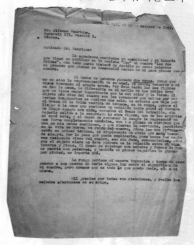

1939년 10월 25일 프리다는 "오늘"이라는 잡지 편집자인 알폰소 만리께에게 〈두 명의 프리다〉에 대해 설명하는 편지를 쓴다. 편지의 내용을 간추리면 다음과 같다. "이 작품은 두 번에 걸쳐 그렸는데, 외로움을 표현하고 싶었다. 나 자신을 위로하기 위해 두 명의 내가 손을 마주잡고 있다. (…) 형태나 색은 중요하지 않다. 이 작품은 내 내면의 삶과 디에고와의 관계를 그린 것이다."

알폰소 만리께에게 보낸 편지 원본

No sirve esta pluma para
este papel.

nunca he visto ternura más
grande que la que Diego tiene
y da. - cuando con sus manos
y sus bellos ojos roza las
esculturas del México indio.

이 볼펜은 이 종이에는 쓸 수가 없다.

멕시코 인디오의 조각을 손으로 만
지고, 아름다운 눈으로 바라볼 때, 디
에고가 보여주었던 것보다 더한 다
정함을 나는 본 적이 없다.

일기의 바탕이 옅은 푸른색이다. 서두에 보면 "이 볼펜(푸른색 펜)은 이 종이에는 쓸 수가 없다"
고 적혀 있는데, 종이의 질감 또는 색감(푸른빛이 도는) 등이 푸른색 펜과 맞지 않기 때문에 이
렇게 적은 듯하다.

　　그 밑에는 다른 글과 그림이 겹쳐져 있다. 글에서는 디에고에 대한 사랑, 그 중에서도 그의
국가주의적 면모에 대한 애정이 가득 묻어난다. 인디오 조각을 보는 그의 눈, 조각을 만지는
그의 손에서 그녀는 더할 나위 없는 다정함을 느낀다. 이러한 다정함을 조금이라도 더 간직하
려는 듯, 흙으로 무언가를 빚고 있는 손(디에고의)이 정성껏 그려져 있다.

　　실제로 디에고는 조국 멕시코에 대한 사랑이 넘쳤다. 그리고 프리다는 디에고를 통해 멕시
코에 대한 사랑을 배웠다. 일례로, 디에고와
프리다는 멕시코의 전통문화를 보존하기 위
해 6,000여종의 멕시코 유물을 사비로 수집했
다. 이를 기반으로 1964년에 박물관이 설립되
었는데, 아나우아칼리(Anahuacalli) 박물관이 그
것이다. 건물은 멕시코 남쪽 마야 피라미드를
본떠 건축되었다. 이 박물관은 현재 인류학 박
물관으로서 학술적으로 중요한 역할을 맡고
있다.

〈디에고와 토우〉, 1950, Gabriela Figueroa 사진

사람은 단지 하나의 기능 – 혹은 전체의 일부일 뿐이다. 삶은 지나간 다. 우리는 쓸데없이 걸음을 낭비하지 말고 주어진 길을 가야한다. 그 누구도 "자유롭게" 오솔길에서 멈출 수 없다, 왜냐하면 자신의 인생과 주변의 상황을 지연하거나 그 순서를 뒤엎을 수 있기 때문이다.* 그곳 에서부터 불만이 나온다, 그곳에서부터 절망과 슬픔이 나온다. 우리 는 일련번호가 아니라 총합이 되길 원한다. 변화와 투쟁은 우리를 망 가뜨리고, 우리를 끊임없이 불안하게 한다. 당연하다. 우리는 늘 평온 과 "평화"를 찾는다. 왜냐하면 우리는 매 순간 죽음을 예감하기 때문 이다. 반대파들은 힘을 합치고, 새롭거나 불규칙한 것은 발견되지 않 는다. 물질과 변증법, 건강함과 강인함에 대한 진실과 극상의 미(美)에 대한 두려움 때문에 우리는 부조리하고, 신비하고, 평범하지 않은 것 들로 스스로를 보호하려 하고, 그곳으로 도망하고자 한다,

　우리는 우리를 지키기 위해 환자가 되길 원한다. 누군가는 – 그 무 엇 – 언제나 진리로부터 우리를 보호한다. – 우리 자신의 무지, 그리고 우리의 두려움. 모든 것에 대한 두려움 – 우리가 단지 방향벡터일 뿐 이라는 것을 알게 되는 두려움으로부터. 존재의 생성과 파괴, 매순간 우리가 제어할 수 없는 시간의 흐름에서 오는 고통으로부터. 수백만 의 존재를 – 돌 – 새의 존재를 – 별의 존재를 – 미생물의 존재를 – 우리 의 존재의 기원을 통해서 – 둘로 – 셋으로 – 그 외 무엇으로도 결코 탈 출할 수 없는 하나의 다양성 – 하나로 돌아가기 위한. 하지만 합으로 돌아가는 것은 아니다. 종종 그것은 신이라고 불린다 – 혹은 자유, 혹 은 사랑 – 아니다 – 우리는 증오 – 사랑 – 어머니 – 아들 – 식물 – 땅 – 빛 – 광선 – 기타 등등이다 – 언제나 – 세상들이 건네는 세상 – 우주, 그 리고 세포의 우주
그렇다!

* 　원문을 직역하면 "일반적인 원자운동(el viaje atómico y general)"에 가깝다. 그러나 현지의 언어습관에 따르면 "원자(Atómico)는 "우주", "세상", 또는 "(누군가의)인생"을 말한다. 또한 "일반적인(General)"은 "내 주변" 혹은 "내 모든 것"의 의미도 지니고 있다.

nadie es más que un funcionamiento - o parte de una función total. La vida pasa, y, dá caminos, que no se recorren vanamente. Pero nadie puede detenerse "libremente" a jugar en el sendero, porque retrasa o trastorna el viaje atómico y general. De allí viene el descontento, de allí la desesperanza y la tristeza. Todos quisieramos ser _____ y no el elemento número. Los cambios y la ___ lucha nos desconciertan, nos aterran por cuanto

tes y por ciertos, bus
camos la _calma_
y la "paz" porque
nos anticipamos a
la _muerte_ que morim
cada segundo. Los
opuestos se unen y nada
nuevo ni _arítmico_
descubrimos. nos
guarecemos, nos alam
en lo irracional, en
lo mágico, en lo
anormal, por _miedo_
á la extraordinaria
belleza de lo _cierto_,

de lo material y
dialéctico, de lo
sano y fuerte —
nos gusta ser enfer—
mos para protejernos
Alguien — algo — nos
proteje siempre de la
verdad — nuestra
propia ignorancia
y nuestro miedo.
Miedo a todo — miedo
a saber que no somos
otra cosa que
vectores / dirección
construcción y destrucción
para ser vivos, y

sentir la angustia de
esperar al minuto
siguiente y partici-
par en la corriente
compleja de no
saber que nos di-
rijimos a nosotros
mismos, a través de
millones de seres—
piedras— de seres aves
de seres astros — de
seres microbios — de
seres fuentes a

nosotros mismos —
variedad del _uno_
incapacidad de llegar —
por el dos — al tres
al _etc_ de siempre —
para regresar al _uno_
Pero no a la _suma_
(llamada a veces _dios_
a veces _libertad_ a veces
amor — _no_ — somos
odio — amor — madre —
hijo — planta — tierra —
luz — rayo — etc — de
siempre — mundo dador
de mundos — universo
de celulas universos
y así

졸음   졸음
졸음   졸음
졸음
졸음   졸음
이제 졸려서
죽겠다

첫 번째 신념은 동조하지 않는 것이다. 반혁명－제국주의－파시즘－종교－어리석음－자본주의－부르주아가 꾀하는 <u>계략</u>의 전(全) 범위에－억압받는 계급을 위한 조화로운 세상을 이룩하기 위해서는, <u>계급이 없는</u> 사회로 발전하기 위해서는 혁명에 동참해야 한다. 두 번째, 혁명의 <u>동지</u>가 누구인지를 알기 위해서는 레닌－스탈린－을 읽어야 한다. 내가 혁명 운동에 있어 "가치 없는" 일부에 지나지 않는다는 것을 배울 수 있다. <u>혁명가</u>는 어떠한 경우에도 절대 죽지 않고, 절대 무익하지 않다.

a Convicción de que no estoy de acuerdo con la contrarevolución - imperialismo - facismo - religiones - estupidez - capitalismo - y toda la gama de trucos de la burguesía - Deseo de cooperar en la revolución para la transformación del mundo en uno sin clases para llegar a un ritmo mejor para las clases oprimidas

2° momento oportuno para clarificar a los aliados de la Revolución ~~XXXXXXXXXXXXX~~
~~XXXXXXXXXXXXX~~

Leer a Lenin - Stalin -
Aprender que yo no soy sino una "pinche" parte de un movimiento revolucionario.

Siempre revolucionario nunca muerto, nunca inútil

1910 — 1953

En toda mi vida
he tenido 22 operacio-
nes quirúrgicas -
  El Dr Juanito Farill
a quien considero un
verdadero hombre de
ciencia y además un
ser heroico por que ha pa-
sado su vida entera sal-
vando a los enfermos sien-
do un enfermo también
los 6 años
para asombro en cam-
1926   ALEX

1910-1953

나의 삶을 통틀어 22번의 외과 수술을 받았다 - 후아니
또 파릴(Juanito Farill) 박사는 내가 진정한 과학자로 인정
하는 사람이다. 또한 그는, 자신도 6세때부터 소아마비
(급성 회백수염)를 앓은 환자였음에도 불구하고 다른 환자
들의 목숨을 살리는데 인생을 바친 영웅이다.

1926 - 알렉스와 함께 당한 교통사고

159페이지부터의 글은 필체가 흐트러지고 글자가 크며, 색이 흐리다. 이 시기의 그녀는 글을
잘 쓸 수 없을 정도로 건강 상태가 나빴다. 167~168페이지는 시간이 흐른 후, 다른 종이에 적
은 것을 윗부분을 자르고 일기장에 붙인 듯하다.

여기서 프리다는 자신의 인생에 대한 단상 및 여러 감정을 토로하고 있다. 그녀는 학창시
절 의학과 생물학에 관심이 많았다. 이 글의 몇몇 문구에서도 그러한 지식이 은연중에 드러난
다. 특히 혁명에 관심을 갖게 된 이유에 대해서도 설명하고 있는데, 이 혁명을 통해 프리다는
자신이 살아있다는 것을 실감했다고 한다.

이 당시 그녀는 진통제 없이는 어떤 작업도 할 수 없을 정도로 극심한 고통에 시달렸다. 164
페이지는 그 진통제로 인한 혼미함이 생생히 느껴지는 그림이다. 광기, 질병, 두려움의 노란색
과 유령들이 입는다는 연두색이 어지럽게 산재해 있고, 날개가 달린 여인은 날아오를 준비를
하는 듯하다. 심지어 그 주변으로 "졸음"이라는 글자가 반복되면서 기묘한 분위기를 자아낸다

168페이지는 그녀의 주치의 후안 파릴 박사에 대한 글이다. 이 글은 〈후안 파릴 박사가 있
는 자화상〉(1951)을 만들게 되는 동기가 된다. 1951년, 프리다는 자신의 수술을 집도하고 회복
에 많은 도움을 준 후안 파릴 박사에게 이 그림을 헌정한다.

1950-51

나는 1년 동안 앓았다. 7번의 척추 수술. 파릴 박사가 나를 살렸다. 그는 나에게 삶의 기쁨을 되돌려 주었다. 아직 휠체어에 앉아 있다. 언제 다시 걸을 수 있을지는 모르겠다. 나는 석고로 된 코르셋을 가지고 있다. 그것은 나를 무시무시한 양철 깡통으로 만들지만, 척추를 지탱하는 데 도움을 준다. 통증은 없다. 단지... 만취한 듯한 피로가, 그리고 당연하게도 매우 자주 절망이 찾아온다. 절망은 그 어떠한 단어로도 정의할 수 없다. 그럼에도 불구하고 나는 살고 싶다. 벌써 그림을 그리기 시작했다. 그것은 파릴 박사에게 선물할 작은 그림이며, 그를 위해, 모든 정성을 담아 그리고 있다. 나는 내 그림에 욕심이 많다. 무엇보다도 내 그림을 공산주의 혁명에 쓸모 있는 무언가로 바꾸고 싶다. 하지만 지금까지 나는 내 모습도 정직하게 그린 적이 없다, 내 그림이 당에 이바지한 바도 없다. 내게 허락된 건강 상의 긍정적인 요소 하나하나까지 혁명에 기여할 수 있도록 전력을 다해 싸워야만 한다. 살아야 할 유일한 진짜 이유.

1950년에서 1951년까지 약 1년 간 그녀는 일곱 번의 척추 수술을 받는다. 이 시기에 그녀는 일기를 쓰지 않았다. 이 글은 그 이후에 작성된 것이다.

통증과 그로 인한 우울증 때문에 그녀는 술에 의지하기도 했다. 앞서 언급한 바와 같이 그녀는 늘 진통제를 복용하였고, 회복하기 위해 안간힘을 썼다.

여기서 그녀는 168페이지에서와 마찬가지로 그녀의 목숨을 살리고 삶의 기쁨을 되돌려 준 파릴 박사에게 다시 한 번 감사한다. 전체적으로는 회복의 과정을 기술하고 있다. 172~173페이지에서는 지금까지 그린 자신의 그림에 대해 반성하는 모습도 보인다. 즉, 그림을 통해 더 많은 메시지를 전달하고 싶었다는 것이다. 이 때 디에고는 공산주의적 메시지를 전달하기 위해 벽화 작업에 정력적으로 매진하고 있었는데, 아마도 그에 대한 선망이자 질투로 보인다.

1950-51.

He estado enferma un
año. Siete operaciones
en la columna vertebral.
El Doctor Farill me
salvó. Me volvió a dar
alegría de vivir. Toda-
vía estoy en la silla
de ruedas, y no sé si
pronto volveré a andar.
Tengo el corset de yeso
que a pesar de ser una
lata pavorosa, me ayu-
da a sentirme mejor de
la espina. No Tengo do-
lores. Solamente un
cansancio de la.. tiz ua
da, y como es natural
muchas veces desespe-

ración. Una desespe-
ración que ninguna
palabra puede descri-
bir. Sinembargo tengo
ganas de vivir. Ya
comencé a pintar. El
cuadrito que voy a re-
galarle al Dr Farill
y que estoy haciendo
con todo mi cariño pa-
ra él. Tengo mucha
inquietud en el asunto
de mi pintura. Sobre
todo por transfor-
marla para que sea
algo útil al movimie-

to revolucionario comunista, pues hasta ahora no he pintado sino la expresión honrada de mí misma, pero alejada absolutamente de lo que mi pintura pueda servir al partido. Debo luchar con todas mis fuerzas para que lo poco de positivo que mi salud me deje hacer sea en dirección a ayudar a la revolución. La única razón para vivir.

PERRO

개 PERRO

굉장한 여자군!

Qué tipa!

174페이지에서 묘사된 인물상은 수염 난 남성의 모습임에도 불구하고 가운데가 붙은 눈썹의 모양에서 프리다가 떠오른다. 그 밑에는 개가 꽁꽁 묶여있고 "개(Perro)"라고 친절하게 적혀 있다.

175페이지의 그림은 두말할 것 없이 프리다의 자화상이다. 선들이 감옥처럼 그녀의 얼굴을 가두고 있는데, 전체적인 형태가 면사포를 쓴 신부 같기도 하고, 조각상 같기도 하다. 얼굴 밑에서는 목걸이가 목을 옥죄고 있다. 그녀의 대표작 중 하나인 〈부서진 척추〉가 떠오르기도 한다.

두 그림은 연작으로 보이는데, 채색도 딱히 되어 있지 않은 것이 창백하고 쓸쓸하다. 너무나 젊은 나이에 모든 것을 잃어가고 있는 여인의 처량함이랄까?

이와 같은 글을 보다 보면, 프리다가 자신의 마음을 아주 솔직하게 드러내고 있음을 알게 된다. 일기라는 것이 본래 그러한 용도를 가지고 있으니 당연할 것이다. 반면, 작품 속의 프리다는 다르다. 그것이 비록 자화상이라 할지라도 솔직한 본래의 자신은 아니다, 예술에 대한 자신만의 엄격한 기준, 즉 자기 검열이 작용하고 있는 것이다. 또한 프리다 스스로도 자화상에서는 보여 지고 싶은 자신의 모습을 그렸다고 언급한 적이 있다.

NO ME LLORES!

나 때문에 울지 말아요!

그래요, 당신 때문에 울어요
SI, TE LLORO

뒷 장의 두 그림은 모두 잔의 형상을 하고 있는데, 이는 앞서 106페이지에서도 묘사된 바 있는 잔, 즉 망자의 유해를 보관하는데 사용되는 함이다. 잔에 그려진 얼굴들은 모두 슬프게 울고 있다. "나 때문에 울지 말아요", "그래요, 당신 때문에 울어요"라는 문구들도 애잔하다. 두 그림 모두 프리다 자신을 상징하며, 그녀의 작품 〈두 명의 프리다〉에서처럼 서로 긴밀하게 상응한다. 눈물은 개인적인 차원의 슬픔에서 나아가 돌로로사, 혹은 요로나를 상징한다. 그녀 내면의 뿌리 깊은 아픔이 느껴진다.

SI, TE LLORO

Noviembre 9 - 1959.

Niño - amor. Ciencia exacta.
voluntad de resistir viviendo.
alegría sana. gratitud infi-
nita. Ojos en las manos y
tacto en la mirada. limpieza
y ternura frutal. Enorme
columna vertebral que es
base para toda la estructura
humana. Ya veremos. Ya
aprenderemos. Siempre hay cosas
nuevas. Siempre ligadas a las
antiguas vivas.

Alado = mi Diego mi
amor de miles de años

Sadya. Yrenaica
Sadya. Frida.

DIEGO

1951년 11월 9일

소년 – 사랑. 정밀과학. 계속 삶을 인내하면서,
진정으로 기쁨 속에서 살고 싶다. 무한한 감사
의 마음. 손 안의 눈과 시선의 촉감. 청결함과
사랑스런 싱싱함. 전(全) 인류 체계를 지탱하
는 거대한 척추. 이제 우리는 목도(目睹)할 것
이다, 이제 우리는 배울 것이다. 항상 새로운
것이 있다는 것을. 항상 과거와 연결되어 있다
는 것을. 날개가 있는 – 나의 디에고, 나의 수
천년의 사랑

Sadga. Yrenáica

프리다

디에고

이 글은 상단의 작성일자에 나타나듯 "1951년 11월 9일"에 작성되었다. 글의 말미에 "사드가
(Sadga)"라는 단어는 135페이지에서 언급한 태양과 땅, 즉 탄생을 의미하는 "사드하(Sadja)"의
변용이다. 이 "사드가"는 러시아 키릴문자를 이용한 프리다만의 애칭으로, 작품이나 편지에
사인으로 이용하기도 했다. 그 옆에는 프리다의 사인과 함께 "이레네이카(Yrenaica)"라는 문구
가 표기되어 있다. "이레네(Yrene)"라는 단어에는 사실 사전상의 뜻은 없다. 아마도 러시아 키
릴 문자의 발음을 이용해 그녀가 만들어 낸 "학생"의 뜻으로 쓰였을 것이다. 이레네는 실존
인물의 이름이기도 하다. 그녀는 디에고와 프리다의 짧은 이혼 기간 동안 디에고의 비서였으
며, 그의 연인이기도 했다. 트로츠키가 살해되었을 때, 그녀는 디에고를 경찰로부터 도망칠
수 있도록 도와주기도 했다.

1952년 11월 4일

오늘 나는 그 어느 때보다 "함께" 있다고 느낀다. (25년 이후로) 나는 공산주의적 존재이다. 나는 ~~매일같이 공부하면서 알게 되었다~~ 공산주의의 기원은 과거라는 뿌리와 연결되어 있다는 것을. 나는 내 조국, 그리고 거의 모든 나라의 역사를 공부했다. 이제 나는 계급 갈등과 경제적 갈등에 대해 안다. 마르크스, 엥겔스, 레닌, 스탈린 그리고 마오쩌둥의 유물론적 변증법을 확실하게 이해한다. 그들을 사랑한다, 공산주의 사회라는 새로운 세계의 초석처럼. 이제 나는 트로츠키가 멕시코에서 저지른 실수를 이해한다. 나는 사실 한번도 트로츠키주의자였던 적이 없다. 1940년대의 경우 - 나는 단지 디에고의 동맹일 뿐이었다. (개인적으로) (정치적인 착오) - 6살 때부터 아팠고, 실제로 건강했던 적이 드물었으며, 당에 아무 쓸모가 없었기 때문에. 지금, 1953년. 22번의 외과 수술 후 기분이 나아졌고, 이제 나는 때때로 나의 공산당을 도울 수 있을 것이다. 나는 노동자가 아니다, 나는 공예가이다. - 그리고 공산주의 혁명 운동의 무조건적인 동맹이다.

생애 처음으로 내 그림이 당에 도움이 되려 하고 있다. 혁명적 <u>사실주의</u>를 알기 전의 나는 단지 내 과거의 경험을 그릴 뿐이었다. 나는 그저 평화를 위한 도시, 그 새로운 도시, 즉 소련 - 중국 - 체코슬로바키아, 폴란드 - 그리고 내 피에 섞인 복잡한 혁명 원리의 일부일 뿐이다. 또한 멕시코 원주민의 일부이다. 아시아의 수많은 인파 속에는 언제나 우리의 - <u>멕시코인의</u> - 얼굴이 있을 것이다, 어두운 피부, 무한한 우아함과 아름다운 형태가. 또한 흑인들도 곧 자유로워질 것이다, 그렇게나 아름답고 그렇게나 용감한. 멕시코인들과 흑인들은 자본주의 국가들에 의해 <u>정복당할</u> 위기에 처해 있다. 특히 북미 - (유럽연합과 영국 같은). ××××××××××

내 삶에 세 명의 훌륭한 동지가 들어왔다 - <u>엘레나 바스케스 고메스, 테레사 프로엔사</u> 그리고 <u>주디</u>(주디는 나의 간호사였다). 앞의 두 명은 실로 지적으로 뛰어났고, 혁명이라는 분야에 대한 감수성도 놀라웠다. 이 세 명은 내가 건강을 회복할 수 있게 도와주었다. 그들은 디에고와 나의 훌륭한 친구이다.

1952 Noviembre 4.

Hoy como nunca estoy acompa-
ñada. ~~(cosa~~ (Desde hace 25 años) Soy
un ser ya comunista. Sé
~~He sido disciplinadamente~~
~~los orígenes centrales~~ ~~en cual~~
~~estar~~ y raíces antiguas. ~~Yo~~
He leído la Historia de mi país
de casi todos los pueblos. Conozco
ya sus conflictos de clase y
económicos. Comprendo claramente
la dialéctica e historialista de
Marx, Engels, ~~Lenin~~ Stalin
y Mao Tse. Ellos son o como
los pilares del nuevo mundo
comunista. Ya comprendí el
error de Trotzky, que lle-
gó a México. Yo jamás fuí
trotskista ~~pero~~ Reparé esa época
~~mía~~ Yo era solamente aliada

de Diego. (personalmente)

Error esto ... pero da

hay que tomar en
cuenta que estuve
sin forma desde los
dos p seis años de ... a ...
y realmente es muy poco
de mi vida he gozado
de SALUD ... fui muestra
al libre ... pero Ahora en
... puedo ... de 22
operaciones quirúrgicas
... ... nota ... po
... de raíz ... po
... ... algún ... a mi
... por lo ... ...
que ... ... crea si s

Artesanía. Y al······
······ revolucionaria
por primera vez en mi
······ alegría y
vida, y la pintura mía
······
······
······ REALISMO —
REVOLUCIONARIO ······
SOY SOLAMENTE UNA
······
······ revolucio-
······
······ soviético ······

con _ chinos _ chicos o lo

... en la sangre a mi pro
pia persona. Y al
indígena de México.

... grandes
... gente
... encuentro
... siempre ha
...
...
...

... tan hermosos y
tan valientes. (mexi
... negros están por
el momento sojuzga

por países capitalistas
~~sobre todo Norte~~

~~Ambeda en E.U. nel~~
~~Batpocos~~ ~~xxxxxx~~

+ El extranjero ~~xxx~~
~~trespamaradas~~ Mara Judy
Del ~~xxx~~ numeros encuentros
Elena Vazquez Gomez
Teresa ~~Proenza~~ y
Judy (la última en
realidad fue mi enfer-
mera) Las otras dos son
realmente asombrosas
de inteligencia y de
sensibilidad, dentro del
~~xxxxx~~ revolucionario
ademas que ~~xxx~~
Col, alorradas a ~~xxx~~
Salud mejores. Son muy
amigas de Diego y magnificas amigas

Viernes 30 de enero de 1953.

a pesar de mi larga
enfermedad tengo una
alegría inmensa por
vivir

VIVIR
MORIR
Entonces —
4 de Marzo
de 1953
EL MUNDO MÉXICO
TODO EL
UNIVERSO
perdió el equi

libro con la
falta (la ida)
de STALIN —

Yo siempre
quise chocola
personalmente
pero no importa
ya — Nada se
queda todo
revoluciona —

MALENKOV

1953년 1월 30일 금요일
내 오랜 병치레에도
불구하고, 나는
커다란 기쁨을 가지고 있다
　　　삶에 대한
　　　죽음에 대한

　　　코요아칸

1953년
3월 4일
멕시코 사회
모든 우주는 균형을 잃는다

<u>스탈린을 잃음(떠남)으로써 –</u>

나는 항상 그를 개인적으로 알고 싶었지만, 이제는 아무래도 상관없다 – <u>아무 것도 남지 않는다.</u> 모두 발전해 나아간다.

– 말렌코프 –

일곱 장에 달하는 장문의 글이다. 다만 183페이지의 상단에 표기된 바와 같이 "1952년 11월 4일"에 작성된 글이라고 보기는 어려운데, 연필로 쓴 글씨와 펜으로 쓴 글씨가 혼재하고 있기 때문이다. 심지어 184페이지에는 "1953년", 188페이지에는 "1953년 1월 30일 금요일"이라는 문구까지 표기되어 있다. 이는 그녀의 일기장에서 종종 보이는 현상이다. 그녀는 일기를 되짚어 보면서 예전에 적은 글 위에 다른 내용을 덧쓰거나, 글의 일부를 수정하기도 했다. 여기서의 해석은 가장 도드라지는 글(글자)을 토대로 진행하였으며, 독해가 불가능한 글들은 제외하였다.

183페이지에 표기된 "1952년 11월 4일"과 180페이지의 작성일자인 "1951년 11월 9일" 사이에는 대략 1년의 간격이 있는데, 이 때 그녀는 일기를 전혀 쓰지 않았다. 늘 그랬던 것처럼 건강이 그녀의 발목을 잡았으리라.

이 글에서 그녀는 공산주의의 이상(理想)에 대한 자신의 생각을 풀어내고 있다. 183페이지에서는 먼저 공산주의와 트로츠키주의를 차별화한다. 자신은 사실 트로츠키주의자가 아니었고 스스로를 그렇게 여겼던 것은 디에고의 영향이자 정치적 착오였다는 것이다. 사실 그녀가 트로츠키주의를 따른 것은 가난한 계층, 즉 프롤레타리아에 대한 연민 때문이었다. 이 글에서 그녀가 말하는 것은 트로츠키주의보다는 좀 더 포괄적이고 근본적인 공산주의이며, 이에 대한 강한 신념을 피력한다. 그런 그녀에게 스탈린의 죽음은 상당히 큰 충격이었던 모양이다. 189페이지에서 기술하는 것처럼, 스탈린이 죽음으로써 이제 아무것도 남지 않았고, 단지 발전(혁명)만 남았다는 것이다.

이렇게 프리다가 공산주의에 전념한 이유에는 그녀의 건강 탓이 크다. 당시 그녀는 현대 의학과 약들이 더 이상 자신에게 쓸모가 없다고 생각했다. 그녀에게는 다른 희망이 필요했다. 그래서 그녀는 소용도 없는 물리적 지지대, 바로 약과 의학에 기대지 않고 정신적 지지대, 공산주의에 전념한 것이다. 실제로 그녀는 1954년에 〈마르크스주의가 병든 자를 낮게 하리라〉는 그림을 그리기도 했다.

목재
379

Madera
379

연둣빛 초록색이 배경을 불길하게 뒤덮고 있다. 그림과 더불어 모종의 광기, 또는 슬픔이 꿈틀대는 듯하다. 하나의 얼굴이 반으로 갈라져 있다. 좌측 얼굴은 여성으로 보이는데, 긴 머리카락이 갈래갈래 풀어헤쳐져 있다. 우측의 얼굴은 짧은 머리의 남성으로, 나신이며, 머리 주변에서 아우라를 뿜어내고 있다. 검은 선이 두 얼굴을 사선으로 가로지르고 있는 형상이 강렬하다. 좌측 상단의 "F"라는 글자로 미루어 볼 때 이 그림은 프리다 자신을 그린 것임을 짐작할 수 있다.

마치 숨은그림찾기, 혹은 수수께끼처럼 여러 상징들이 곳곳에 숨어있는 그림이다. 특히 오른쪽 중간에 보면 러시아 키릴 문자 "Н"가 보인다. 이는 영어의 "N"과 같은 의미이다. 이 "N"은 사진작가이자 그의 연인이었던 니콜라스 머레이(Nicolas Muray)를 상징한다. 그가 1939년 뉴욕에서 그녀를 찍은 사진이 있는데, 재미있게도 배경이 초록색이다. 즉, 이 그림은 그 사진을 기반으로 그려졌다고 볼 수 있는 것이다. 다만, 그림을 그릴 때 그녀의 감정이 심히 불안정했던 모양이다. 상술한 바와 같이 프리다는 사선을 그어 이 자화상을 지우려 하고 있다.

우측 하단에는 "마데라 379(Madera 379)"라고 적혀있다. "379"는 134페이지에서 언급한 바와 같이 그녀의 연인이었던 호세 바르토리(Jose Baritoli)를 지칭한다. "마데라(Madera)"는 스페인어로 "목재"를 의미하는데, "목재"는 러시아어로 "드레베시나(Аревесина)"이다. 이는 스페인어의 "떼 데시아(Te desea)", 즉 "너를 원한다"라는 말과 발음상 유사하다.

그녀의 애인이었던 이들의 이름을 언급하며 "너를 원한다"고 말하지만, 사실상 그들 자체를 원한다기보다는 "사랑"을 원하는 것이라고 해석할 수 있다.

보행자
발레리나
건강한 평화
혁명적인
지적인
스탈린 만세
디에고 만세

선들이 산만하게 엉켜 있는 위로 발에서는 피가 솟구치고 있다. 엄지발가락 부근의 일부가 괴저병으로 도려내어져 있는 것이 고통스러워 보인다. 이는 발이라는 구체적인 대상을 묘사한 것이 아니라 고통의 상징으로 봐야 한다. 발 아래에는 두 개의 원이 있는데 좌측은 아즈텍 고문서에 나오는 점으로 된 달력으로, 날짜를 상징한다. 우측의 원은 음양을 나타내며, 자신의 회복, 그리고 잃어버린 균형 감각을 되찾기를 바라는 마음이 엿보인다. 그림의 주변에는 "보행자, 발레리나, 건강한 평화, 혁명" 등의 단어가 크고 짙은 글씨로 산재해 있다. 단어들 간의 의미가 긴밀하게 연결되어 있다고는 보이지 않는다. 그녀의 삶을 정리하는 단어, 혹은 단순히 좋아하는 단어를 나열한 것 같다. 평화, 회복, 혁명, 스탈린, 디에고…

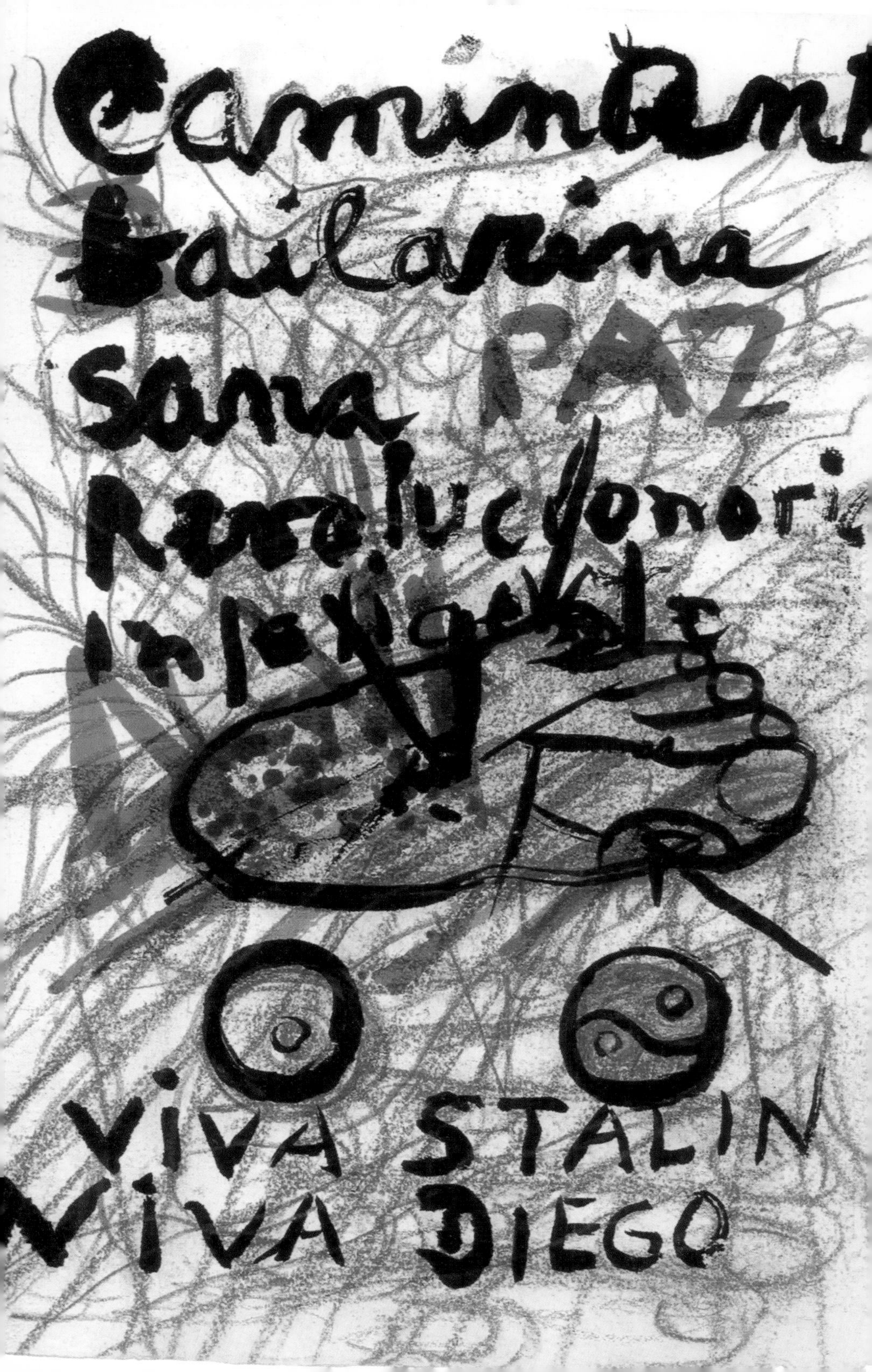
bailarina
sana
PAZ
VIVA STALIN
VIVA DIEGO

MARZO 53

Mi Diego:
Ya no estoy
sola.

¿alas?

Tú me acompa
ñas. Tú me duer
mes y me avivas

53년 3월
나의 디에고
나는 이제 더 이상 혼자가 아니에요.
날개들?
당신이 나와 함께 합니다. 당신은 나를
잠들게 하고 나를 격려합니다.

– 나는 디에고를 사랑한다
사랑

–amo a Diego
amor

앞 페이지에는 "53년 3월"이라는 작성일자가 표기되어 있다. "나의 디에고, 나는 이제 더 이상 혼자가 아니에요"로 시작하는 이 글은 그리 길지는 않지만, 그녀의 일기 중에서 디에고를 향한 사랑과 외로움이 가장 절절하게 묻어나는 글이다.

옆 페이지의 "나는 디에고를 사랑한다, 사랑"이라는 문구가 이러한 사랑을 한층 더 확고히 한다. 중앙에 그려진 잎사귀가 강렬하다.

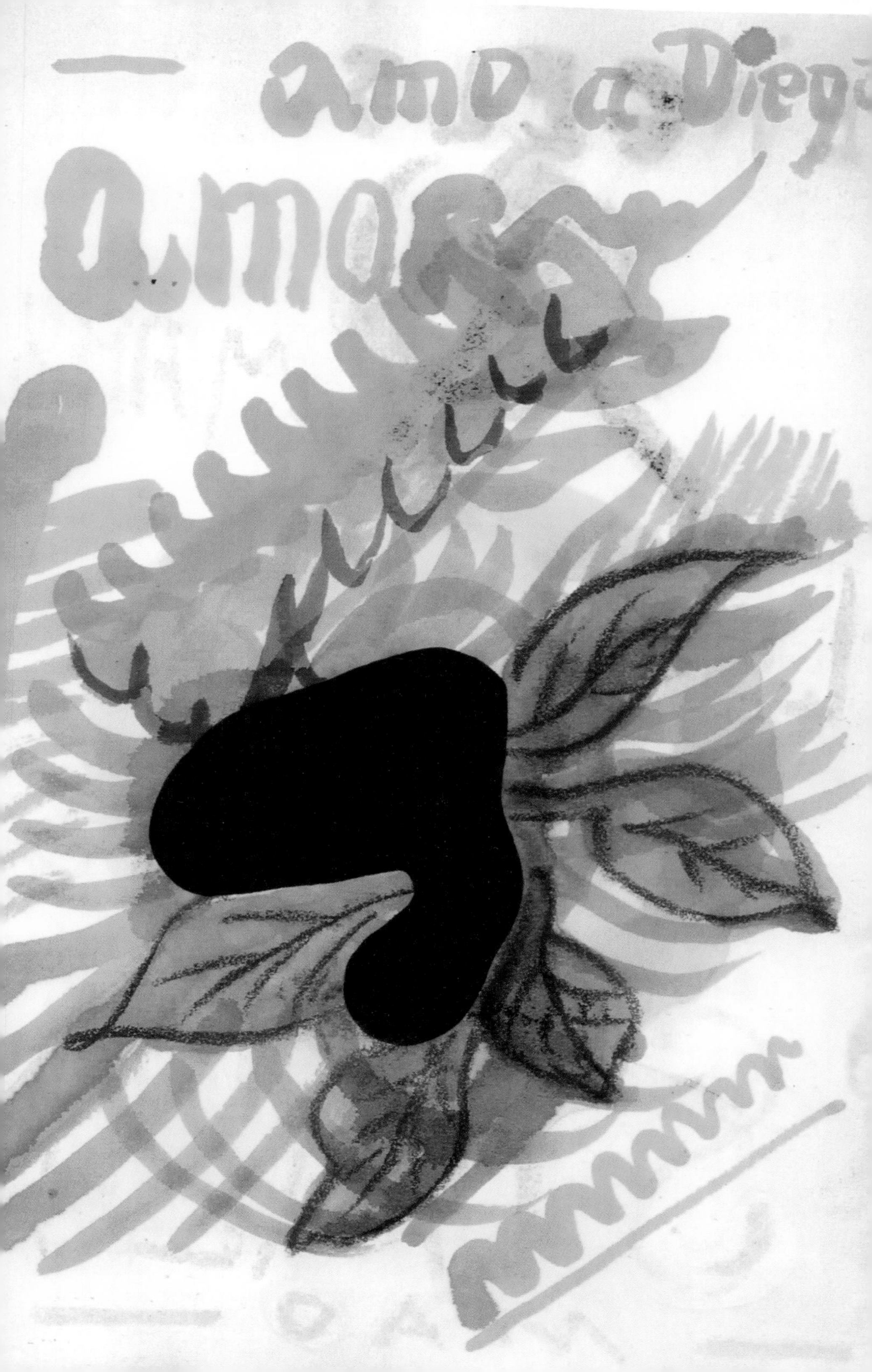
Amo a
amor

엥겔스
마르크스
레닌
스탈린
마오

달   태양
LUNA   SOL

나?
YO?

태양과 달 등, 아즈텍 고문서에 나오는 상징이 다시 등장한다. 태양과 달은 농산물 수확과 직결된 중요한 상징이자 제의식의 대상이었다. 어둡게 채색된 배경과 피라미드는 건조한 사막을 나타낸다. 이 피라미드는 아즈텍 문명의 유산인 테오티우아칸(Teotihuacan)이며, 멕시코시티에서 북쪽으로 대략 50킬로미터 지점에 위치한 거대 유적지이다.

중앙의 여인은 멕시코 전통의상을 입고 있다. 그 밑에는 "나(Yo)?"라는 문구가 적혀 있는데, 이는 태양과 달의 중심, 즉 음양의 조화가 바로 자신인가 하는 자문이다. 오른팔에서는 검은색과 보라색이 폭발하듯 솟구치고 있다. 이는 오른팔이 가진 창조의 힘(붓으로 그림을 그리는)과 고통을 상징한다. 창조는 늘 고통을 동반하기 때문이다.

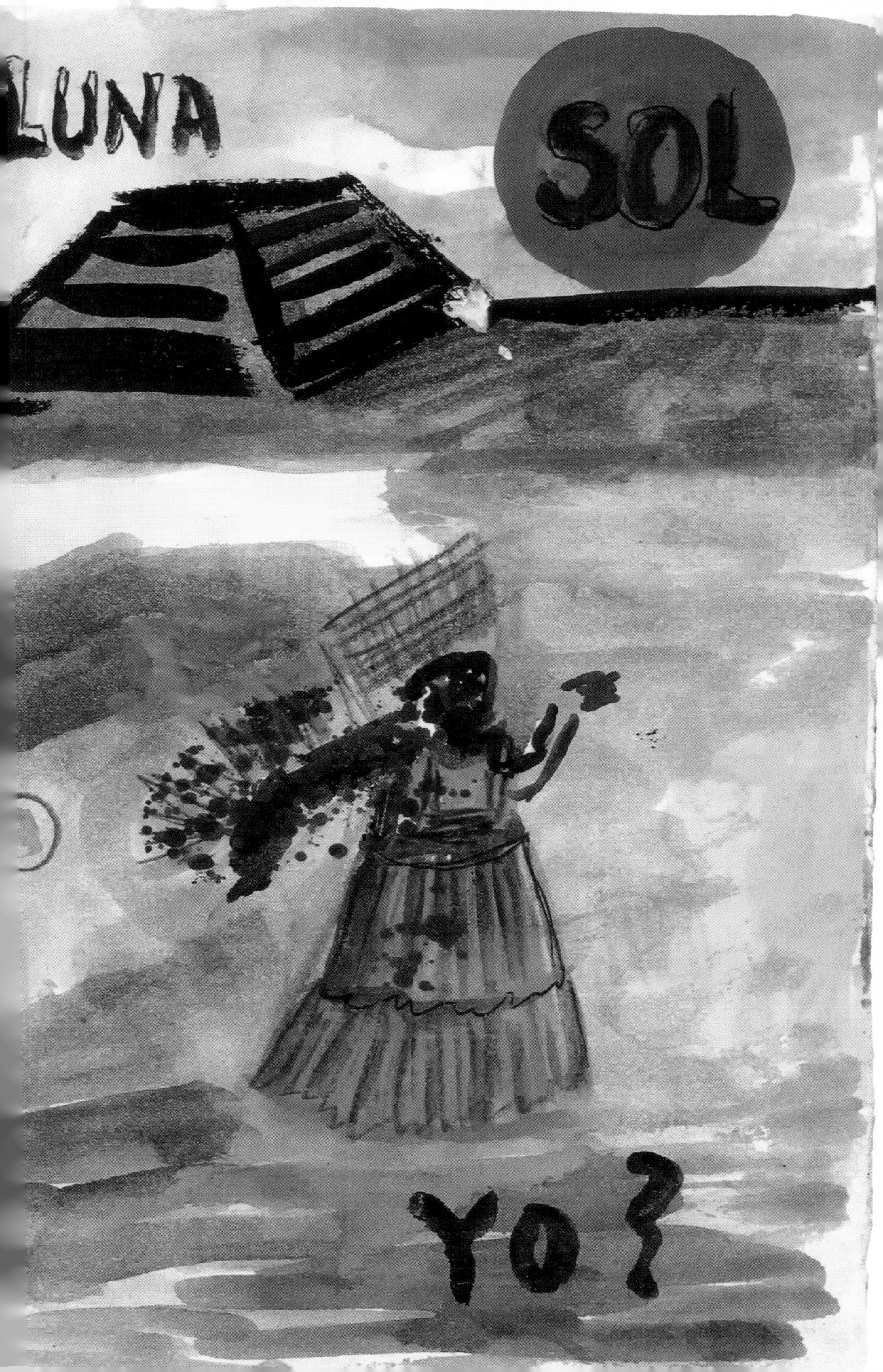
LUNA
SOL
YO?

평안 속의 죽음

MUERTES EN RELAJO

11월 2일은 '죽은 자의 날(Día de Muertos)'로, 멕시코의 전통 축제일이다. 이날, 멕시코 국민들은 장난감, 달콤한 주전부리를 들고 가족 묘지로 가서 향, 꽃 등을 바치고 제사를 지낸다. 이 '죽은 자의 날'의 대표적인 상징이 해골이다. 그림 하단에 그려진 해골이 바로 그것이다. 앞 장에서 번진 얼룩을 이용한 모습도 보인다. 가운데의 여자 해골은 앞 장의 여인과 유사한 의상을 걸치고 있는데, 이는 프리다 자신, 혹은 자신의 죽음을 상징한다. 그녀는 왜 하필 자신을 해골로 그렸을까? 아즈텍 신화에서 죽음은 자연의 순환이며, 또 다른 탄생이자 삶이다. 죽음, 즉 죽은 자를 상징하는 해골은 그러므로 멕시코인들에게 끝을 의미하지 않는다. 또 다른 탄생을 그 속에 품고 있는 것이다. 삶, 그리고 다가오고 있는 죽음에 대한 그녀의 감정을 엿볼 수 있는 부분이다.

목재

시틀랄리*

사랑

뜨거움

고통

소문

유머

주는 사람

사랑

---

* "별"을 뜻하는 나우아틀어

MADERA

CITLALI

AMOR

CALOR

DOLOR

RUMOR

HUMOR

DADOR

AMOR

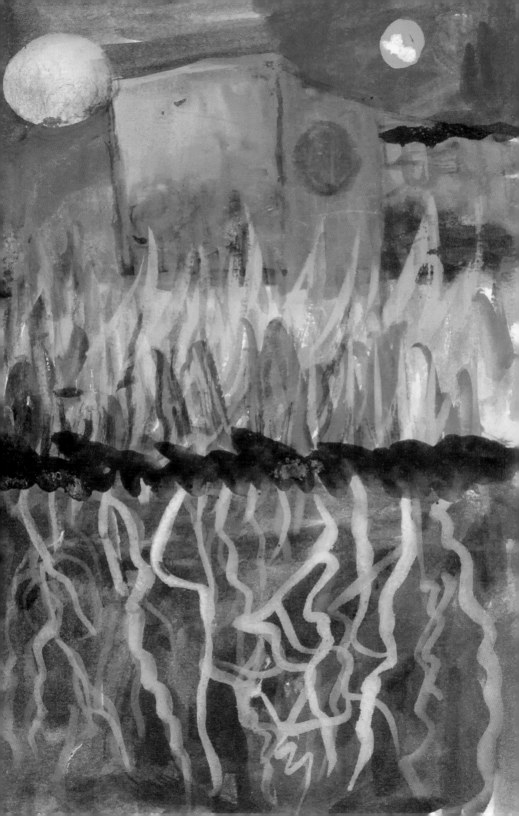

전체적인 분위기가 음산하고 숨이 막히는 풍경화이다. 지상과 지하로 나뉘어 있는데, 지상에서는 불꽃이 일렁이고 그 위에 사각의 함이 있다. 마치 누군가를 화장(火葬)하고 있는 것처럼 보인다. 누구의 죽음일까? 지하에는 허연 뿌리가 늘어져 있다. 하늘에 떠있는 태양과 달이 처연함을 더한다.

차벨라 비야세뇨르 –
붉은
동지들
만세
스탈린
마오

삶
죽음

세상
암사슴
화가
시인

만세
마르크스
엥겔스
레닌

앞 페이지에서 프리다가 애도한 사람은 누구인가? 바로 그녀의 절친한 친구이자 시인, 사진 작가, 벽화가였던 이사벨 차벨라 비야세뇨르이다. 옆 페이지의 글과 그림은 그러한 친구의 죽음을 생각하며 작성한 것이다. 1928년 알게 된 차벨라는 프리다보다 7살 연하였다. 어린 나이에 시인이 된 차벨라는 아방가르드 예술모임 "카라비나 30-30"의 멤버였다. 이 모임은 혁명적 분위기에 휩싸였던 당시 멕시코에서 전통모자를 쓰고, 음악을 하는 예술가들의 모임이었다. 서로 마음을 터놓을 수 있는 좋은 벗이었기에 프리다는 그녀의 죽음 앞에서 깊은 허무를 느낀다.

Chabela Villaseñor
Colorado
vida
muerte
NADA
Viva
Marx
Engels

Viernes 13 de Marzo. 1953.

Te nos fuiste, Chabela Villaseñor.

Pero tu voz   Colorado
tu electricidad   Colorado
tu talento enorme   Colorado
tu poesía   Colorado
tu luz   como la sangre
tu misterio   que corre
tu Olinka   cuando matan
toda tú. te quedas viva.   a un venado.

¡ISABEL VILLASEÑOR   PINTORA
    POETA
SIEMPRE VIVA!   CANTADORA

Seccion de ORO

도 道 TAO

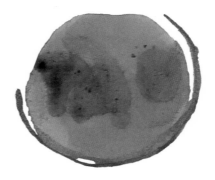

앞의 두 장 역시 차벨라의 죽음을 기리는 일기이다. 212페이지의 사슴은 형태가 단순하지만 대비색인 녹색과 적색으로 채색되어 굉장히 강렬하게 다가온다. 옆의 달 속에는 '도(道)', 즉 '우주의 이치'를 나타내는 "따오(Tao)"라는 글자가 흐리게 적혀 있다. 프랜즈 막스의 그림에서 나타나는 여우, 말, 사슴 등의 테마에서도 힌트를 얻은 것으로 보인다. 그림을 보다보면 〈상처 입은 사슴〉이 떠오른다. 프리다는 뉴욕에서 척추 수술이 성공하면 아픔이 사라질 것이라는 희망을 가졌지만, 결국 수술이 실패로 돌아가면서 절망에 빠져 살아야 했다. 〈상처 입은 사슴〉은 이러한 감정을 표현한 그림으로, 항상 그녀와 함께 지냈던 사슴 '그라니소'를 모델로 했다.

213페이지는 글에 적혀있다시피 "1953년 3월 13일 금요일"에 작성된 일기이다. 차벨라를 잃은 슬픔을 토로하고 있는데, 은율에 맞추어 나열된 단어, 문장들이 무척이나 시적이고 격정적이다. "사슴을 죽이면 흐르는 피와 같이(Como la sange que corre cuando matan a un

〈상처 입은 사슴〉, 1946

1953년 3월 13일 금요일.

당신은 우리들을 떠났어요, 차벨라 비야세뇨르
하지만 당신의 목소리　　　붉은
당신의 전기　　　　　　　붉은
당신의 커다란 재능　　　　붉은
당신의 시　　　　　　　　붉은
당신의 빛　　　　　　　　사슴을
　　　　　　　　　　　　　죽이면

당신의 신비　　　　　　　흐르는
당신의 올링크　　　　　　피와 같이
당신의 전부는 살아 있다.　화가
이사벨 비야세뇨르　　　　시인

－－－－－－－－－－－－－－－－－－－－－－－－

언제나 살아 있으라!　　　가수
　　　　　　　　　　　　　황금분할

venado)"라는 문구는 이 글이 212페이지와 이어져 있음을 말해준다. 사랑하는 이를 잃은 슬픔, 고통이 상처 입은 사슴처럼 구슬프게 울고 있는 것이다. 다만 하단의 그림은 맥락상 다소 생뚱맞은데, 황금분할(SO: Seccion de Oro)에 대한 그림이다. 앞선 글의 내용과도 큰 상관이 없다. 영감은 상황을 가리지 않고 찾아오는 모양이다. 이 그림은 그녀의 정물화 〈인생 만세〉의 기반이 된다. 그림 주변의 눈은 작품을 보는 시점을 나타내며, 선은 공간을 분할하여 다시 크고 작은 공간을 만들어 낸다. 프리다는 이를 도식까지 사용하여 수학적, 과학적으로 상세하게 설명하고 있다. 바로 황금분할이다. 그림(스케치)은 이를 적용하여 그린 것이다. 황금분할은 수 세기 동안 화가들이 애용했던 방식이다. 이에 따라 그림을 그릴 경우, 관람자가 보기에 가장 아름다운 형태가 갖추어지기 때문이다.

〈인생 만세〉, 1954

PARA LA ANTIGUA OCULTADOR.

FISITA. Temple 4 volúmenes iguales
de Yema de huevo aceite de linaza ema

Yema
de
huevo
= aceite crudo de linaza = esencia de goma damar en agua = agua

goma "damar" disuelta en agua
y agua destilada. con desinfectan
fomo=aldoidico concentrado. ½ gramo
para un litro de agua.

damar diluns
do dentro de li
non.

aguarias.

durante 8   limpiar la
o 10 dias.   yema de la
             clara. nueva

1 - Emulsiónense los elementos
2 - Muélanse con la emulsión los cha
3 - Si se desea textura brillante, aume
     la cantidad de damar, hasta do
     volumenes.
4 - Si se desea enteramente mate aume
     tre el agua hasta tres volumenes.

오랜 은닉자 피시타(Fisita)를 위해

달걀 노른자 4개를 동량의 정제되지 않은 아마씨 기름에 섞는다.

테레빈유에 녹인 "다마르" 고무
그리고 정제수. 살균제를 함께
정량: 농축 알데히드. $\frac{1}{2}$ 그램.
물 1리터 가량.

레몬 안에 빻아넣은 다마르, 테레빈유.
8일 또는 10일 동안.

흰자에서 노른자를 잘 제거한다.

1. 모든 성분을 유화(硫化)한다.
2. 유제(乳劑)를 색상과 빻는다.
3. 밝은 질감을 원한다면, 다마르의 양을 두 배로 늘린다.
4. 완전한 무광택을 원한다면 물의 양을 세 배로 늘린다.

서두의 "오랜 은닉자 피시타(Fisita)를 위해"에서 "피시타(Fisita)"는 디에고가 프리다를 부르는
애칭이었다. 전체적인 내용은 다마르 고무를 이용하여 색을 만드는 방법이다. 병환으로 인해
그 동안 손을 대지 못했던 나름의 색 제조법과 이에 필요한 재료를 정리한 듯하다.

솔로틀 대사(大使) 님
시발바 믹틀란
유니버셜 공화국의
국무총리
이곳의 전권을 위임받은
국무총리 ―
어떻게 지내나요,
솔로틀 씨?

138페이지에서도 언급된, 솔로틀(Xolotl)에게 보내는 글이다. 그녀는 멕시코 토종견인 이츠쿠인틀리 개의 선조가 아즈텍의 신 솔로틀이라고 믿었다.

글에서 그녀는 솔로틀을 어느 공화국의 대사 (大使)로 임명한다. 아마도 사후세계의 대사일 것이다. 아즈텍 사람들은 한 사람이 태어날 때 동물도 한 마리 태어난다고 생각했다. 또한 그 동물과 사람의 운명은 서로 이어져 있다고 생각했다. 즉, 존재의 연속과 환생을 믿은 것이다. 솔로틀은 죽은 이들의 사자(使者)이다. 그(솔로틀)가 죽은 자를 업고 아홉 겹의 강을 건너 지하세계로 데려다 주어야 그곳에서 사자(死者)가 부활할 수 있었다.

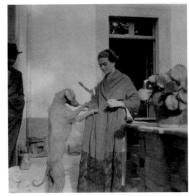
애견과 놀고 있는 임신중의 프리다, 1930, Gabriela Figueroa 사진

El Señor Xolotl EMBAJADOR
~~Canciller~~ de la
República Universal
de Xibalba Mictlan
cancillés
Ministro Plenipoten-
ciario Aquí -
How do you do
Mr Xolotl. ?

1953년 1월 1일

1953년 ××××, 겨울

베르니세 콜코

나는 그녀를 <u>대단한 예술가</u>라고 생각한다. 나무랄 데 없
이 훌륭한 진실의 <u>사진</u>(그녀는 <u>공산주의자</u>가 아니다). 미국계
헝가리 유대인. 평화를 위해 (멕시코에) 있는 거라고 한다.
하지만…?

이 장의 전체적인 내용은 베르니세 콜코에 대한 것이다. 그녀는 폴란드 출신의 사진작가이며,
1905년에 태어나 1920년에 미국으로 이민을 간다. 이 후 1951년에 멕시코를 방문한다. 그녀의
사진은 멕시코에서 인기가 많았고, 자신에게 호의적인 분위기 덕분에 그녀는 멕시코에 살게
된다. 특히 여인을 테마로 사진을 많이 찍었다. 프리다와 친분이 깊었다.

~~Nueva~~ 1953, Invierno

Bernice Kofko

Me parece que es una gran artis-
ta. Fotografía admi-
rablemente la rea-
lidad (no es
comunista). Ciu-
dadana norteameri-
cana — India Húngara:
Dice que está por
la paz. PERO.....?

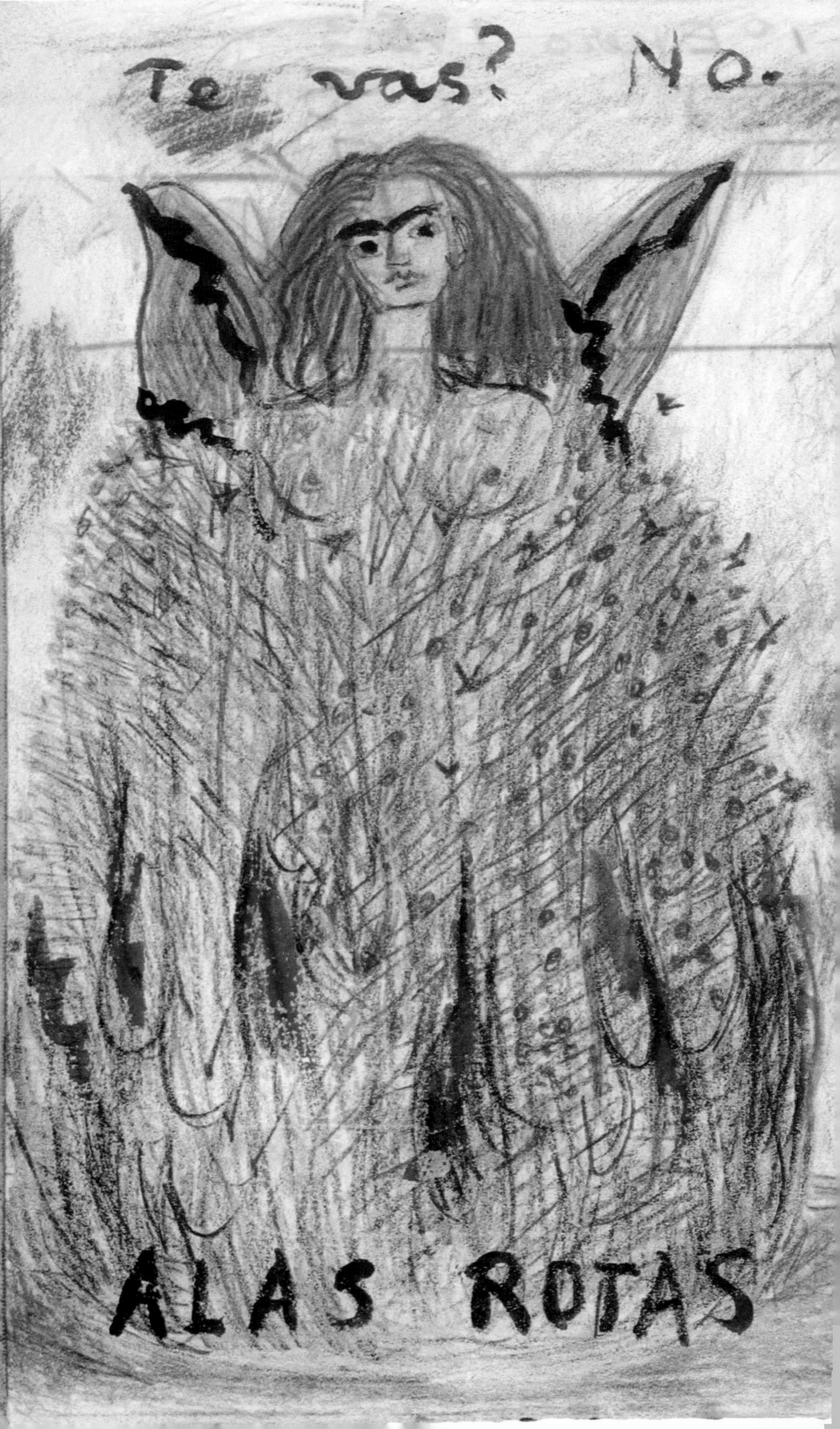
Te vas? NO.
ALAS ROTAS

Te vas? No.

떠나니? 아니.

ALAS ROTAS

부러진 날개들

수수께끼 같은 그림이다. 상단에는 "떠나니? 아니(Te vas? No)"라는 문구가 있고, 하단에는 "부러진 날개들"이라는 문구가 표기되어 있다. 글의 내용과 그림에서 드러나듯, 그녀는 약해져 가고 있었다.

　그림의 여성은 얼굴이 너무 작고, 나체이다. 무엇보다 날개가 부서져 있다. 벌거벗은 몸은 잎사귀와 가지로 가려져 있다. 밑에서는 불꽃이 일고 있다. 그녀의 고통이 어떠한지, 얼마나 뜨겁게 그녀 자신을 태우고 있는지 알 수 있는 부분이다. 그럼에도 불구하고 그녀는 강인하다. 자신을 굴복시키려는 고통에 "아니(No)"라고 단호하게 답한다.

나의 아이 – 대단한 은닉자의

파리 – 코요아칸, 멕시코시티, 1938년 12월 8일

뉴욕

아침 6시, 칠면조*들이 노래합니다. 다정한 인간의 열기, 고독
과 함께 –

결코, 평생, 당신을 잊지 않겠어요. 당신은 산산조각난 나를
받아주었고, 내 모든 것을 그대로 되돌려 놓았죠. 이 작은 땅
어디에 시선을 두어야 하죠? 헤아리기에는 너무나 거대하고,
너무나 깊네요!

이제 더 이상 시간이 없어요, 이제 더 이상 거리(距離)는 없
어요. 이제는 오직 진실뿐입니다. (사랑)했습니다. (사랑은)영원
했습니다! 그것은 바로 뿌리였고, 지금 그것(그 느낌)은 영원의
과일 나무로 변했습니다.

당신의 열매는 벌써 향기를 내뿜습니다. 꽃들은 색을 뿜어
내고 있구요. 바람, 그리고 정점의 환희와 함께

---

* 멕시코 유카탄 반도와 미국에만 있는 독특한 칠면조를 말한다. 머리에는 깃털이 없지만, 몸에는 다양한 색의 깃털이 있다.

Niño mio — de la gran Ocultadora

Son las seis de la mañana
y los guajolotes cantan,
Calor de humana ternura
Soledad acompañada —
Jamás, en toda la vida
olvidaré ~~tu~~ presencia.
Me acogiste destrozada
y ~~me devolviste~~ entera, íntegra
En ésta ~~tierra~~ pequeña tierra
¿dónde pondré la mirada?
¡Tan inmensa tan profunda!
Ya no hay tiempo, ya no hay ~~nada~~
~~distancia~~. Hay ya solo realidad
Lo que fué, fué para siempre!
Lo que es, son las raíces
que se asoman ~~en~~ transparentes
~~un árbol~~ transformadas
~~eternos~~ En arbol frutal ~~eterno~~
~~tus~~ frutos ~~ya~~ dan ~~su~~ aromas
~~y~~ tus flores, dan su color
creciendo con la alegría / de

los vientos y la flor y tu alegría ~~~

"Nombre de Diego" "Nombre de amor"

no dejes que le te sed al
árbol que ~~~~ te ama

que atesoró su semilla —
que cristalizó su vida
a las seis de la mañana 18 de
tu Dic.
Frida 1938
edad 28 añ

No dejes que le dé sed
al árbol que del que eres sol,
que atesoró tu semilla
Es "Diego" nombre de amor.

디에고의 이름. 사랑의 이름. 당신을
너무나 사랑하는 나무를 목마른 채로 두지
마세요. 당신의 씨앗을 품었던, 당신의
인생을 결정(結晶)했던 나무를.
아침 6시에

당신의 프리다
12월
8일
1938년
28세

당신이 태양인 나무를 목마른 채로
두지 말아요.
당신의 씨앗을 품었던 나무를
"디에고", 사랑의 이름이여.

225페이지부터의 글은 다른 종이에 쓴 두 장의 편지를 일기장에 붙인 것으로, 여러 군데가 찢어져 있다. 225페이지 오른쪽 측면에 붉은 글씨로 적힌 "1938년 12월 8일"은 디에고의 생일로, 내용을 작성한 후 나중에 추가한 문구이다. 이 날짜는 옆 페이지에서도 다시 언급된다.

프리다는 줄리안 레비 갤러리에서 열린 그녀의 개인전에 참석하기 위해 뉴욕으로 간 적이 있다. 개인전이 성공한 후, 그녀는 사진작가 니콜라스 머레이와 사랑에 빠진다. 이 글은 머레이와의 사랑의 와중에도 디에고를 생각하며 쓴 것이다. 편지에서는 세 곳의 장소가 언급된다. "파리-멕시코시티-뉴욕". 뉴욕에서의 전시 후 1939년 1월, 그녀는 앙드레 브레통의 권유로 파리에 간다. 거기서 마르셀 뒤샹의 도움으로 그룹전 '멕시크' 참여한다. 이때가 3월이었다. 이후 그녀는 뉴욕으로 다시 돌아가 머레이와 결별하고 멕시코로 귀국한다. 그리고 디에고와의 계속되는 불화로 11월에 이혼하게 된다.

디에고가 나에게 준 자료

디에고는 파리에 살았었다:
몽파르나스 역 옆의
데파르 거리 26

3월 21일. 봄
도(道). 마오
7월 7일. sadga 1953년

12월 8일 **사랑**
디에고

1953년이 제국주의자들 간의 전쟁과 함께
끝날 것인가? 가능성이 매우 높다.
물의 이름

서두의 "디에고가 나에게 준 자료" 밑에 디에고가 살았던 파리의 주소를 표기하고 있는데, 주
소가 정확하지는 않다.
　글의 세 번째 단락에 표기된 날짜들은 프리다에게 있어 중요한 의미를 갖는다. 먼저 "3월
21일, 봄"은 24절기 중 춘분(春分)으로, 고대 멕시코 인들에게는 태양이 생명을 주고 비를 내리
는 날이었다. "7월 7일"은 그녀의 생일 다음날이고, "12월 8일"은 디에고의 생일이다.
　글 중앙의 "마오(Mao)"는 그녀가 존경했던 마오쩌둥의 약자이며, 이를 '우주의 이치'를 상
징하는 "도(道)", 즉 "따오(Tao)"와 동등하게 여기고 있다. 불공평한 세상에 대한 그녀의 혁명
정신을 엿볼 수 있다.

Dato que me dió Diego

Diego vivió ~~A~~ en París;
26 Rue du Départ, à coté
de la gare Montparnesse.

21 de Marzo. Primavera
Tao. MAO

7 de Julio. Satgu 1953

8 de Diciembre AMOR.
Diego.

+cabará el año de 1953
on una guerra inter—
mperialista.? Lo más proba-
e.

NOMBRE DE AGUA

독의 색깔
전부 거꾸로이다.
나?
태양
그리고
달
발
그리고
프리다

230페이지는 상당히 우울한 분위기의 그림이다. "독의 색깔"을 품은, 강렬하다 못해 칙칙한
태양이 드리워 있고, 달은 땅 속에 갇혀 있다. 프리다는 반쯤 누운 채로 미이라처럼 천에 감싸
여 있으며, 고통으로 눈물을 흘리고 있다. 그 아래에는 하반신 대신 뿌리들이 마치 썩은 듯 탁
한 색을 띠고 있다. 또한, 그녀에게는 고통의 상징인 오른발이 우측 상단에 외따로 떨어져 있
다. 발과 함께 떠있는 "전부 거꾸로이다, 나? 태양 그리고 달, 발 그리고 프리다"라는 문구에서
그녀의 우울한 심정이 느껴진다.

　231페이지에서는 헐벗고 초라한 나무가 폭풍에 시달리고 있다. 230페이지와 비슷하지만,
의미는 사뭇 다르다. 나뭇잎은 강한 바람으로 인해 떨어졌고, 가지와 줄기는 갈가리 찢기고
휘어졌지만, 뿌리는 땅속에 깊이 박혀 생명을 유지하고 있다. 삶에 대한 그녀의 의지를 보여
주는 것이다.

고요한 삶..
세상의 창조자
상처입은 사슴들
테우아나의 옷
번개, 고통, 태양들
숨겨진 리듬
작은 "소녀 마리아나"
이제 아주 싱싱한 과일.
죽음은 멀어진다 –
선, 형태, 둥지에서.
손은 연성(鍊成)한다,
눈을 뜬
디에고의 감성을
모든 눈물
모든 것이 매우 분명하다
우주의 진리들은
소리 없이 살아 간다

희망의 나무
굳건히 있으라.

멕시코에서의 내 전시회.
1953년.

〈마리아나〉, 1944

234페이지의 글은 1953년 멕시코에서 개인전을 하고 난 다음 자축의 의미로써 쓴 것이다.

7행에 보면 "작은 소녀 마리아나"라는 문구가 있는데, 마리아나는 외교관 에우헤니오 모리요 사파의 딸 이름이다. 사파는 프리다의 작품 컬렉터였으며, 본인을 포함해 자신의 딸, 어머니의 초상화를 그려줄 것을 프리다에게 요청하기도 했다. 소녀의 이름이 이 글에 등장하는 이유는 사파가 프리다의 개인전에 참석했기 때문인 것으로 보인다. 이 소녀의 초상화인 〈마리아나〉도 개인전에 전시되었다.

글의 말미에는 "희망의 나무, 굳건히 있으라"라는 문구가 있는데, 선으로 위의 내용과 분리되어 있다. 프리다 자신의 심정을 극렬하게 대변하는 표현이다.

La vida callada..
dadora de mundos.. @
Venados heridos
Ropas de ~~Tehuana~~
Rayos, ~~penas~~, soles
ritmos escondidos
"La niña Mariana"
frutos ya muy vivos.
la muerte se aleja—
líneas, formas. nidos.
las manos construyen
los ojos abiertos
los Diegos sentidos
lágrimas enteras
todas son muy claras
cósmicas verdades
que viven sin ruidos.

Arbol de la Esperanza
mantente firme.

mi exposición en México. 1953.

Meses después -
                    Para H.
Calladamente, la pena
ruidosamente el dolor.
el _veneno_ acumulado.___
me fué dejando el amor.
Mundo extraño ya era el mío
de silencios criminales
de alertas ojos ajenos
                    los males.
equivocando ~~xxxxxxxxxx~~
~~xx~~ obscuridad en el día
                    las
~~xxx~~ las NOCHES no vivía.
Te estás matando!!!
TE ESTAS MATANDO!!!
~~xxxxxxxxxxxxxxxxxxxxxxxxxxx~~
~~xxxxxxxxxxxxxxxxxxxxxxxxxxxx~~
                         morboso
Con el cuchillo ~~xxxxxxx~~
        las
de ~~xxxxxx~~ que están vigi -
lando! La culpa la

tuve yo?

Admito mi culpa grande
~~XXXXXXXX~~ tan grande como el dolor
era una salida enorme
por donde pasé, mi amor.
Salida muy silenciosa
que me llevaba a la muerte
~~estaba XXXXXXXX~~ tan olvidada!
que ésta era mi mejor ser

Te estas matando!
TE ESTAS MATANDO!

Hay quienes ya no
Te olvidan!

Acepté su mano fuerte
Aqui estoy, para que vivas
                    Frida.

몇 달 뒤

H. 에게

말 없는 슬픔은
소란스런 고통은
쌓이는 독은 –
나에게 사랑을 남기고 갔다.
나의 세계는 이상했다. 다른 사람들의
눈은 악을 구별하지 못했고, 경계의
눈은 지독히 침묵하였다.
한낮의 어두움도, 밤도 제대로 보낼
수가 없었다.
당신은 자신을 죽이고 있다!!
당신은 자신을 죽이고 있다!!
×××××××××××××××××××××××
당신을 지켜보는 이들의 음흉한
칼로써!

그게 내 탓인가?
내가 지은 대(大)죄, 인정한다,
고통만큼 큰 그 죄는 내 사랑이
통과한 하나의 거대한 출구였음을.
너무나도 잊혀진, 죽음에 이르는
몹시도 조용한 출구! 그것은 내
최고의 행운이었다.
당신은 자신을 죽이고 있다!
당신은 자신을 죽이고 있다
<u>당신을 결코 잊지 않을 사람들이</u>
있다!
나는 그 강한 손을 잡았다
<u>나는 여기 있다</u>, 그들이 살 수 있게
프리다.

192페이지에서도 언급한 "H(N)", 즉 니콜라스 머레이에게 보내는 글이다.

　그녀는 1953년에 다리를 절단하는 수술을 받는다. 이 수술은 그녀의 심신에 끔찍한 상처를 남긴다. 그녀는 아무도 만나지 않았다. 마음이 산산이 조각난 탓에 심지어 자살을 생각하기도 했다.

　235페이지와 236페이지에서 반복되는 "당신은 자신을 죽이고 있다!(Te estas matando!)"라는 문구는 아마도 디에고가 프리다에게 한 말일 것이다. 그는 프리다가 고통을 참을 수 없어 마약을 사용한다는 이야기를 듣고 몹시 괴로워했다.

수 년간
지켜온 고뇌와 부서진 척추, 그리고
머언 시선은, 걷지 않고, 광대한
오솔길에서 기다린다…
×××××××××××××××××××××××××
강철에 가까운 나의 삶을 움직이며
×××××××××××××××××××××××××
디에고!

〈부서진 척추〉, 1944

부분 확대

수술로 인한 고통의 시간이 지나고 약 세 달 후, 그녀는 조금씩 걸을 수 있었다. 원기도 미약
하나마 되찾았으며, 다시 그림을 그리기 시작했다. 이 글은 수술비와 치료비를 벌기 위해 벽
화를 그리고, 조금이라도 수입을 늘리기 위해 수채화까지 그려가면서 고군분투하는 디에고
를 생각하며 쓴 것이다.

　위의 작품은 그녀의 대표작인 〈부서진 척추〉이다. 본문의 "부서진 척추"라는 문장이 가지
는 느낌을 쉽게 설명하기 위해 가져와 봤다. 이 작품은 원래 누드로만 그렸지만, 고통이라는
주제를 강조하기 위해 추후 중앙에 철제 기둥을 다시 그렸다. 그림 속 눈동자를 들여다보면
평화의 비둘기가 그려져 있다.

Años.

Esperar con la angustia
guardada, la columna
rota, y la inmensa mirada,
sin andar, en el vasto
Sendero.—

~~xxxxxxxxxxxxxxxxxxxxxxxxxxxxxxxxxxxx~~
~~xxxxxxxxxxxxxxxxxxxxxxxxxxxxxxxxxxxx~~

moviendo mi vida cercada
de acero.

~~xxxxxxxxxxxxxxxxxxxxxxxxxxxxxxxxxxxx~~
~~xxxxxxxxxxxxxxxxxxxxxxxxxxxxxxxxxxxx~~
~~xxxxxxxxxxxxxxxxxxxxxxxxxxxxxxxxxxxx~~

Diego!

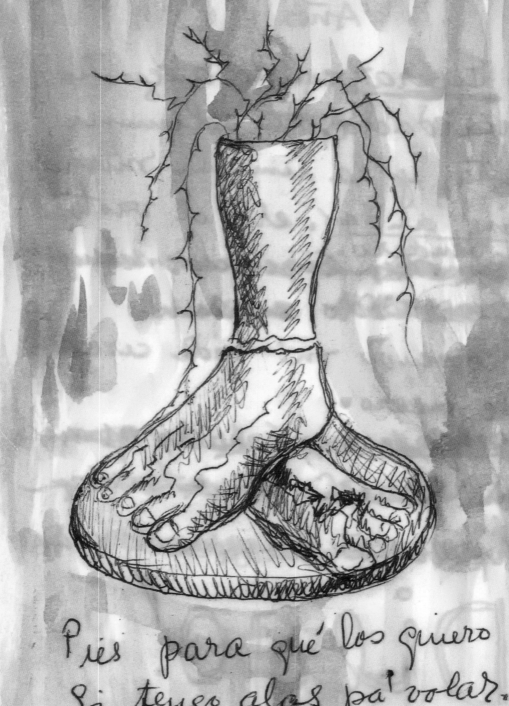

Piés para qué los quiero
Si tengo alas pa' volar.
1953.

발이 왜 필요하지?
내게는 날개가 있는데
1953

Pies para qué los quiero
Si tengo alas pa' volar
1953.

1953년, 그녀는 오른발에 괴저병이 생긴 것을 알았다. 몇 년 동안 잠잠했던 상처가 악화된 것이다. 괴저병은 어느새 무릎까지 도달해 있었다. 1953년 8월에 의사는 결국 그녀의 무릎 아래를 절단하기로 결정한다. 그녀가 어렴풋이 예감하고 있던 비극이 실제로 다가온 것이다. 정신과 의사는 심리치료의 일환으로 그녀에게 자신의 썩어가는 발을 그리게 했다.

이 강렬한 그림은 이러한 바탕에서 그려진 것으로, 일종의 봉헌화, 즉 엑스보토(Exvoto)이다. 신체에서 분리된 두 다리가 마치 대리석 조각처럼 받침대 위에 올라 있다. 발은 노란색으로 채색되어 있는데, 이는 병든, 즉 썩어 들어가는 발의 상태를 말해준다. 그 위에 드리운 마른 나뭇가지는 마치 예수의 월계관, 혹은 생명이 사라진 혈맥처럼 앙상하고 뾰족하다. 핏빛의 배경이 음울함을 더한다. 그림 하단에는 "발이 왜 필요하지? 내게는 날개가 있는데"라는 문구가 적혀있다. 실제로 그녀는 친구들에게 "내 다리가 절단된다는 것 알고 있어?"라고 일부러 씩씩한 어조로 말했다고 한다. 동정을 싫어했던 그녀였기 때문이다. 하지만 그녀는 진심으로 날개를 원하지 않았을까?

SO.(황금분할)

이 그림은 1951년에 그린 유화작품 〈앵무새와 과일 정물〉의 스케치이다. 프리다는 여기에 "황금분할(Seccion Oro)"의 약자인 "SO"를 표기했다.

앞에서도 언급했지만, 프리다는 죽기 전 몇 해 동안 정물화를 많이 그렸다. 그녀는 악화된 건강 때문에 거의 집 밖으로 나갈 수가 없었고, 계속 누워 있어야 했다. 그런 그녀의 방에는 늘 정원에서 가져 온 꽃이나 과일이 놓여 있었다. 그녀가 정물화를 많이 그린 이유가 여기에 있다. 주변의 사물, 즉 정물은 그녀에게 있어 가장 쉽게 접할 수 있고, 또 수월하게 그릴 수 있는 그림의 소재였던 것이다. 이렇게 그린 정물화를 팔아 그녀는 늘어나는 병원비를 충당했다. 밝고 강렬한 색으로 그린 이 〈앵무새와 과일 정물〉 역시 바로 갤러리에 보내어 판매하였다. 그러나 이 작품은 추후, 니콜라스 머레이가 되찾아 그녀에게 선물로 주었다.

〈앵무새와 과일 정물〉, 1951

242

Si tan solo tuviera cerca
de mí su caricia, el aire se la di-
Como a la tierra ~~xxxxxxxxxxx~~
~~xxxxxxxxxxx~~ ~~xxxxxxxxxx~~ la realidad
de su persona, me haría
más alegre, me alejaría
del sentido que me ~~xxxxxxxx~~ llena
de gris. Nada ya sería
en mí tan hondo, tan
final. Pero cómo le explico
mi necesidad enorme de
ternura! Mi soledad de
años. Mi estructura incon
forme por inarmónica,
por inadaptada. Yo creo
que es mejor ~~xxxx~~ irme, ~~xxxxxy~~ irme
no escaparse. Que todo
pase en un instante. Ojalá

바람이 땅을 애무하듯, 만약 그의 애무를 내가 느낄 수만 있어도 나는 더 기쁠텐데, 잿빛 가득한 이 마음에서 벗어날 수 있을텐데. 더 이상 아무 것도 없다, 내 깊은 곳에는, 나의 끝에는. 하지만 어떻게 설명할 수 있을까, 내게는 너무나도 다정함이 필요하다는 것을! 수년에 걸친 고독. 부조화와 부적응으로 인해 반체제적인 나의 구조. 차라리 떠나는 것이 나을 것 같다, 도망가는 것이 아니라 떠나는 것. 모든 것이 빨리 지나가기를. 제발.

프리다의 방은 늘 사람들로 붐볐다. 그녀가 혼자 있기를 싫어했던 탓도 있지만, 남의 이야기를 잘 들어주고, 야한 농담과 신랄한 수다를 즐기는 그녀의 매력 덕분이기도 했다. 그러나 그녀는 외로웠다. 디에고와의 생활 패턴이 서로 맞지 않았기 때문이다. 디에고는 아침 8시에 일하러 갔고, 그녀가 저녁을 먹고 난 후에나 돌아왔다. 또한 프리다는 2층에서 잠을 잤고, 디에고는 아래층 식당 옆방에서 잤다. 즉, 함께 있었지만 늘 따로였던 것이다. 사실 디에고는 그녀의 고통을 보는 것이 괴로웠다. 그래서 가능한 그녀를 피했고, 그만큼 집도 자주 비웠다. 한번은 "나에게 용기가 있었으면, 내 손으로 그녀를 죽였을 거야. 나는 그녀가 이렇게 아파하는 것을 도저히 참을 수 없어"라고 말하기도 했다. 그럴 때마다 프리다는 화를 냈고, 외로움에 힘들어 했다. 이 글은 그런 디에고에 대한 그녀의 원망 섞인 감정을 드러내고 있다.

유적
RUINAS

태양과 아즈텍의 피라미드를 묘사한 그림이다. 아즈텍 신화에서 태양은 "낮의 화신"이며, 여름, 불을 의미한다. 제물로 바쳐진 인간의 피로 힘을 얻는 태양은 강함과 긍정의 힘을 가지고 있다. 다만 이 그림에서의 태양은 피라미드 위로 떨어져 내린 듯한 모습이며, 그로 인해 피라미드는 무너지고 있다. 이는 자신의 몸 상태에 대한 은유적 표현이다. 그녀는 희생되어 사라지고 다만 유적, 즉 흔적만이 남는다는 뜻이다.

RUINAS

"TOCADO" no LOCO.

'무언가를 쓴', 미치지는 않은

'TOCADO' NÓ LOCO

이 남자는 굉장히 기묘한 모자를 쓰고 있다. 하단에는 "'무언가를 쓴', 미치지는 않은"이라는 문구가 적혀있다. 이 부분이 재미있는데, "무언가를 쓴"을 의미하는 "또까도(tocado)"라는 단어에는 한편으로 "반쯤 미친"이라는 의미도 있는 것이다. 재치 있는 언어유희이다. 다만, 이 그림이 뜻하는 바에서는 재미를 찾을 수 없다. 이 기괴한 모습의 남자는 고통으로 미치기 일보 직전인 프리다 자신을 의미하기 때문이다.

1953년 7월
쿠에르나바카

<u>발판</u>
내 몸에는 <u>하나</u> 밖에 없다, 나는 둘을
원한다.
둘을 갖기 위해서는 <u>하나</u>를 잘라내야 한다.
그 <u>하나</u>는 내게 없는 것이다.
걷기 위해서 내가 가져야만 하는 것, 다른
것은 이미 죽었다!
나에게 날개는 넘친다.
그것들을 자르고,
그리고 날자!!

"1953년 7월, 쿠에르나바카(Cuernavaca)"에서 작성된 글이다. 쿠에르나바카는 디에고가 벽화
작업 때문에 머물렀던 곳이다.
　이 글에서 프리다는 시적인 은유("하나", "날개" 등)를 통해 자신의 다리에 대해 말하고 있다.
이미 오른다리는 가망이 없는 상태지만, 남은 한 다리로 걸을 수 있다고 확신에 찬 어조로 스
스로를 위로한다.

Julio. 1953
Cuernavaca.

Puntos de apoyo.

En mi figura completa
solo hay uno; y quiero
dos.
Para tener yo los dos
me tienen que cortar uno
es el uno que no tengo el
que tengo que tener
Para poder caminar
el otro será ya muerto!
A mi, las alas me
sobran.
Que las corten.
y a volar !!

HIERONYMUS Bosch
Murió en HERTOGENBOSCH
AÑO 1516.
HIERONYMUS Aquen
alias BOSCH.
pintor maravilloso.
Quizá nació en Aachen.

Me inquieta mucho que
no se sepa casi nada de
este hombre fantástico
de genio. Casi un siglo
después, (menos) vivió el
magnífico BREUGEL, EL
VIEJO. mi amado.

히에로니무스 보스
1516년 헤르토헨보스에서 사망.
보쉬라는 별명으로 불렸던
히에로니무스
굉장한 화가
아마 아헨(Aachen)에서 태어났을 것이다.

이 엄청난 천재에 대해 대단히 무지하다는
사실이 나를 불안하게 한다.
대략 한 세기 뒤에, (혹은 더 일찍)
브뢰헬(Breugel), 대(大) 피테르 브뢰헬*이
살았다, 나의 사랑.

히에로니무스 보스(Hieronymus Bosch, 1450-1516)와 피테르 브뢰헬(Pieter Breugel, 1525-1569)에 대한 애정을 드러내는 글이다. 15세기 네덜란드의 초현실주의 화가인 히에로니무스 보스는 인간의 죄의식, 악의, 지옥 등을 표현한 화가로서 프리다에게 많은 영향을 주었다. 반면 도덕성을 강조했던 피테르 브뢰헬도 그녀는 너무나 좋아했다. 소재를 변형하거나 형태를 발전시키고, 환상적인 분위기를 연출하는 그들의 스타일은 그녀에게 많은 영향을 끼쳤다.

*   Pieter Bruegel the Elder (1525년 경 - 1569년 9월 9일) 브라반트 공국의 화가이다.

비둘기는 실수했다.
실수를 하고 있었다………

북쪽으로 가는 대신에 남쪽으로 갔다
실수했다……
밀을 물이라고
생각했다.
실수했다………

살바도르 달리, 〈불 속의 기린〉, 1904

255~256페이지 두 장에 각각 묘사된 해부학적 그림은 1935
년 살바도로 달리(Salvador Dali)가 그린 〈불 속의 기린(Giraffe
en Feu)〉과 유사하다. 옆 페이지의 그림에는 여성의 나신에
날개가 달려 있고, 머리가 있어야할 부분에는 대신 비둘기
가 앉아있다. 척추는 금이 간 대리석 기둥이다. 오른다리는
멀쩡한데, 왼다리는 의족이다. 특히 이 의족을 나선형 원통
처럼 그렸는데, 그녀가 얼마나 고통스러운지를 단적으로 알
수 있는 부분이다. "비둘기는 실수했다, 실수를 하고 있었
다"라는 문구에서도 이와 같은 감정이 묻어나온다.

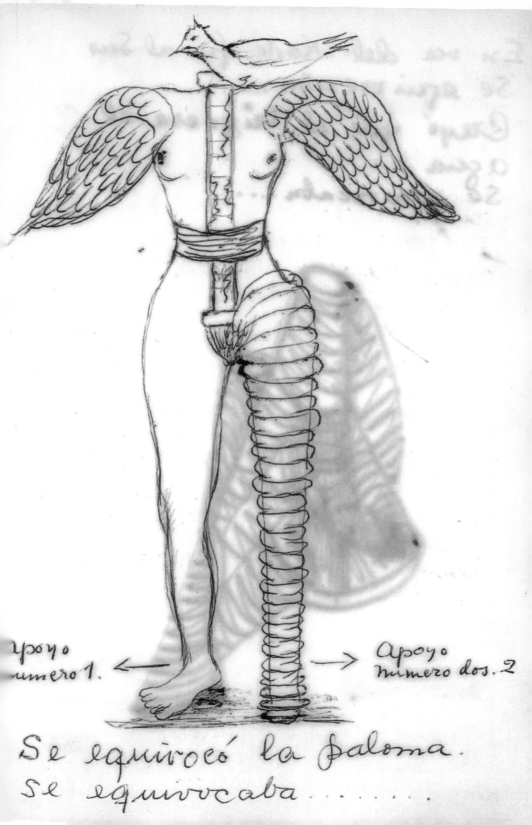

apoyo
umero 1. ←

→ apoyo
numero dos. 2

Se equivocó la paloma.
Se equivocaba . . . .

En vez del Norte fué al Sur
Se equivocaba......
Creyó que el trigo era el
agua.
Se equivocaba......

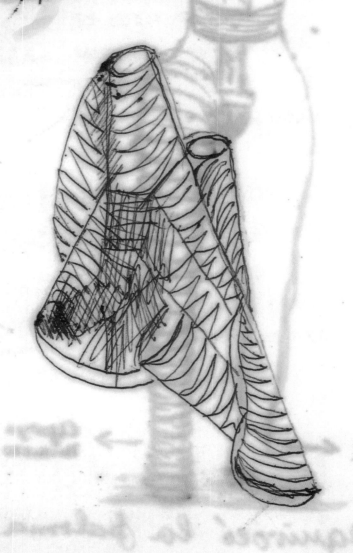

Agosto de 1953.

Seguridad de que me van
a amputar la pierna
derecha. Detalles sé. poco
pero las opiniones son muy
serias. Dr Luis Méndez
y el Dr Juan Farill.

Estoy preocupada, mucho,
pero a la vez siento que
será una liberación.
Ojalá y pueda ya
caminando dar todo
el esfuerzo que me queda
para ~~xxxx~~ Diego. ~~xxxxxxx~~
~~xxx~~ todo para Diego.

11 de Febrero de 1954.

Me Amputaron la pierna
derecha. Hace 6 meses
que me han dicho
Siglos de tortura y
en momentos casi perdí
la "razón". Sigo siguiendo
gántame de suicidarme
Diego es el que me detiene
por mi vanidad. De
creer que le puedo hacer
falta. El me lo ha
dicho y yo le creo. Pero
nunca en la vida he su-
frido más. Esperaré un tiempo.

1953년 8월.

내 오른쪽 다리를 절단하리라는 확신. 자세한 내용은 잘 모르지만 그들의 의견은 매우 확고하다. 루이스 멘데스 박사와 후안 파릴 박사.

나는 너무나 걱정이 된다, 하지만 동시에 이것이 일종의 해방일 수도 있다고 생각한다. 부디 걸을 수 있기를, 내게 남은 모든 힘을 디에고에게 전하기 위해.

1954년 2월 11일

6개월 전에 다리를 절단했다.

한 세기 분의 고통이 지속되었다, 거의 이성을 잃을 정도로. 여전히 자살 충동을 느낀다. 디에고가, 내가 그에게 필요할지도 모른다는 허영이 나를 막고 있다. 실제 그가 그렇게 말했고, 나는 그를 믿는다. 하지만 살면서 이렇게 고통 받은 적은 없다. 때를 기다리겠다.

257~258페이지는 각각 다리 절단 수술 전과 후의 심경을 묘사한 글이다. 두 글의 상단에 표기된 날짜, 즉 "1953년 8월"과 "1954년 2월 11일" 사이에는 대략 7개월의 간격이 있는데, 이 사이에 프리다는 수술을 받은 것 같다. 옆의 글에 표기된 "6개월 전에 다리를 절단했다"는 문구로 미루어 볼 때 확실하다.

실제 일기장에서는 이 두 글 사이에 많은 페이지가 찢겨져 있다. 고통으로 인한 히스테리의 흔적 아니면 그림을 그린 후 찢어서 친지들에게 선물한 것으로 추정된다. 어쩌면 누군가에게 들키고 싶지 않은 내용을 들켰기 때문에 자존심을 못 이기고 찢었는지도 모른다.

벌써 3월 21일, 봄이다.

나는 많은 것을 이루었다. 걷는다는 확신, 그린다는 확신. 나는 내 자신보다 디에고를 더 사랑한다. 내 의지는 강하다. 내 의지는 변함이 없다. 디에고의 커다란 사랑에, 파릴 박사의 고결하고 현명한 작업에, 라몬 파레스 박사의 너무나 정직하고 애정 어린 노력에, 내 인생의 스승인 다정한 다비드 글루스커와 엘뢰서 박사에게 감사한다.

Estamos ya en Marzo

Primavera 28.

He logrado mucho.

Seguridad al caminar
Seguridad al pintar.
Amo a Diego más
que a mi misma.
Mi voluntad es grande
Mi voluntad permanece.

Gracias al amor abnog-
nífico de Diego.
al trabajo honrado
e inteligente del
Dr Farill. Al intento
tan honesto y cariñoso,
del Dr Ramón Parres
y al cariñoso por de
toda mi vida David
Glusker y al Dr
Eloesser.

카풀리나 아가씨 Srita Capulina

* 카풀리나는 열매의 이름(버찌의 일종)이자, 프리다가 사랑한 개의 이름이다.

Abril 27 - 1954
Salí sana - Hice la
promesa y la cumpliré
de jamás volver atrás.
Gracias a Diego, gra-
cias a mi Tere, gracias
a Gracielita y a la niña,
gracias a Judith, gracias
a Isaura Mino, gracias
a Lupita Zúñiga, gra-
cias al Dr. Ramón Parrés
gracias al Dr. Glusker,
gracias al Dr. Farill, al
Dr. Polo, al Dr. Armando
Navarro, al Dr. Vargas
gracias a mí mesma y

a mi voluntad enorme
de vivir entre todas las
que me quieren y para
todos los que yo quiero.
Que viva la alegría,
la vida, Diego, Tere,
Judith y todas las enfer-
meras que he tenido en mi
vida que me han tratado
tan maravillosamente bien.
Gracias porque soy
comunista y lo he sido
toda mi vida.
Gracias al pueblo so-
viético, al pueblo chino
checoslovaco y polaco y al
pueblo de México, sobre todo

el de Coyoacán y donde nació mi primera célula; que se incubó en Oaxaca; en el vientre de mi madre, que había nacido allí, casada con mi padre Guillermo Kahlo — mi madre Matilde Calderón, morena campanita de Oaxaca;

Tarde maravillosa que pasamos aquí en Coyoacán; cuarto de Frida Diego, Tere y yo.

Srita. Capalina
Sr. Xolotl
Sra. Kostic.

1954년 4월 27일

나는 건강해졌다 - 나는 결코 뒤를 돌아보지 않겠다고 약속했다. 그리고
그 약속을 지킬 것이다. 디에고에게 감사하고, 나의 테레에게 감사하고,
그라시엘리타 그리고 소녀에게 감사하고, 주디스에게 감사하고, 루피타
쥬니가에게 감사하고, 라몬 파레스 박사에게 감사하고, 글루스커 박사
에게 감사하고, 파릴 박사에게, 폴로 박사에게, 아르만도 나바로 박사에
게, 바르가스 박사에게 감사한다. 나 자신에게도 감사하다, 그리고 나를
아끼는 모든 이들과 내가 아끼는 모든 이들을 위해 삶을 지탱하려는 나
의 강한 의지에도 감사한다. 기쁨, 인생 만세. 디에고, 테레, 나의 주디스,
그리고 내게 놀라우리만치 잘 해줬던, 살면서 만난 모든 간호사들 만세.
내가 공산주의자이며, 한평생 공산주의자로 살아왔다는 사실이 고맙다.
소련, 중국, 체코슬로바키아, 폴란드 그리고 멕시코에게 감사하다. 무엇
보다 내 최초의 세포가 탄생한 코요아칸에 감사하다. 그 세포는 오아하
카에서 잉태되었다. 어머니의 뱃속에서. 내 어머니가 그 곳에서 태어났
고, 내 아버지 기예르모 칼로와 결혼했다 - 내 어머니 마틸데 칼데론은
오아하카 출신의 가무잡잡한 시골 처녀였다.

여기 코요아칸에서 근사한 저녁을 보내고 있다: 프리다의 방, 디에고, 테
레 그리고 나.

카폴리나 아가씨*

솔로틀 씨

코스틱 아주머니

"1954년 4월 27일"에 작성된 글이다. 마침내 자살 충동이라는 위기에서 벗어난 프리다의 기
쁨과 감동이 생생히 전달된다. 여기서 그녀는 디에고, 그녀를 극진히 돌봐줬던 간호사 주디스
페레로, 파릴 박사, 정치적 동지인 테레사 프로엔사 등의 친지들에게 절절한 어조로 감사를
표한다. 또한 "기쁨, 인생 만세(que viva la alegria, la vida)"와 같은 문구에서는 되살아난 그녀의 강
한 에너지와 생명력을 엿볼 수 있다. 이때부터 그녀는 매일 일기를 쓴다.

하지만 한편으로는 이런 생각도 든다. 이와 같은 주변에 대한 감사는 곧 주변에 대한 정리
가 아닐까 하는, 이제 세상과 작별할 날이 얼마 남지 않았다는 것을 그녀 자신도 직감하고 있
었던 것은 아닐까 하는 생각이.

* "카폴리나 아가씨, 솔로틀 씨, 코스틱 아주머니"는 프리다가 길렀던 강아지들의 이름이다.

내 삶의 도표.

1910년 - 나는 코요아칸의 아옌데 가(街)와 런던 가(街) 사이의 방에서 태어났다. 새벽 한 시였다.

헝가리 출신인 나의 조부모 - 헝가리 아라트(Arat) 지역 출신인 - 는 결혼 후 독일로 이주했다. 그곳, 독일의 바덴바덴에서 많은 자녀들이 태어났는데, 그 중에 한 명이 나의 아버지 - 기예르모 칼로이다. 마리아 - 엔리케타 파울라, 그 밖에 여럿이다. 아버지는 19세기에 멕시코로 이민을 왔다. 그리고 여기에서 그의 여생을 보냈다. 그는 멕시코 여성과 결혼했다. 그녀가 나의 자매, 루이시타와 마르가리타의 어머니이다.

아버지는 본처가 젊은 나이에 죽자 내 어머니, 마틸데 칼데론 곤살레스와 결혼했다, 그녀는 12명의 형제 중 한 명이었다. 내 외조부 안토니오 칼데론은 멕시코 미초아칸 원주민의 혈통이며, 나의 외조모 이사벨 곤살레스는 스페인 장교의 딸이었다. 그녀의 아버지는 그녀와 그녀의 동생 크리스티나를 비스카이나 수도원에 남겨둔 채 세상을 떠났다. 그곳에서 외조모는 나의 외조부와 결혼했다. - 아버지는 사진작가로서 당시 은판 사진기로 작업을 하셨는데, 나는 아직 그 중 하나를 보관하고 있다.

아버지가 환자이기는 했지만 나의 어린시절은 근사했다 (그는 한달 반마다 어지럼증을 호소했다). 아버지는 일(사진작가이자 화가)과 상냥함에 있어 나에게 큰 모범이었다. 무엇보다도

Es querida de mi vida.
1910.— nací en el cuarto
de la esquina entre Londres
y Allende Coyoacán.
a la una de la maña
na. Mis abuelos paternos
húngaros— nacidos en Arat
Hungría— ya casados
fueron a vivir a Alemania
donde nacieron varios de
sus hijos entre ellos mi
padre, en Baden Baden
Alemania— Guillermo Kah
lo. María— Enriqueta
Paula y otros. El, emigró
a México en el siglo 19.—
Radicó aquí siempre toda
su vida. Se casó con una
muchacha mexicana, ma
dre de mis hermanitas

Luisita y Margarita.

Al morir muy joven su seño-
ra se casó con mi madre
Matilde Calderón y González -
hija ésta (óeoe) de mi
Abuelo Antonio Calderón
~~F~~ de Morelia de raza
indígena mexicana michoa-
cana y de mi abuelita
Isabel González y Jorge(?)
hija de un General español
quien al morir puso a ella
y to... a su hermanita
Cristina en el convento de
las vizcaínas. de donde
salió a los ... años mi
abuela - de profesión
fotógrafo (primer... hacia
... daguerrotipos... de la
ciudad todavía conservo...

Mi niñez fue maravillosa
porque aunque mi padre era
un enfermo (tenía vértigos cada
mes y medio. Fue un inmenso
ejemplo para mi de ternura de
trabajo (fotógrafo también y pintor)
y sobre todo de comprensión para
todos mis problemas que desde
los cuatro años fueron ya de
índole social. Recuerdo que yo tenía 4 años.
cuando la decena trágica.—
Yo presencié con mis ojos
la lucha campesina de
Zapata contra los carran
cistas. Mi situación fue
muy clara. Mi madre por
las calle de Allende — abría
los balcones — les daba
acceso a los zapatistas

Me acuerdo que los héroes
y hambrientos saltaron por
los balcones de su casa para
la "sala". Ellos... nos cuidaba
y les daba gorditas de maíz
único alimento que en ese
entonces se podía conseguir en
Coyoacán. Éramos cuatro
hermanas Matilde, Adri-
yo (Frida) y Cristi, la que
jamás (las describiré) más
tarde. La emoción clara
y precisa que yo... guardé
de la "revolución mexi-
cana" fue la base para
que a los 13 años de
edad ingresara en las
juventudes comunistas.

No mas chisicaban las balas
entonces en 1914. Oigo todavía
su extraordinario sonido.
Se hacia propaganda en el
-tianguis- de Coyoacán a
favor de Zapata. Con corridos
que Posada editaba. Costa-
ban los viernes veintavos.
y yo y Cristi los cantabamos
encerradas en un gran
ropero que olía a nogal.
mientras mi madre y mi
padre velaban por nosotros
para no caer en manos de
los guerrilleros... Yo re-
cuerdo a un herido
carranista esconderse hacia
su fuente el río de Coyoacán

그는 내가 4살 때부터 가지고 있던, 사회적 문제에 관한 의문들을 이해해 주었다.

'비극의 열흘'[1]이 일어난 것은 내가 4살 때로 기억한다 — 나는 사파타의 농민들과 카란사 병사들의 충돌을 내 눈으로 직접 목격했다. 내 기억은 매우 명료하다. 어머니는 아엔데 가(街) 쪽으로 — 발코니를 열어 — 사파타 병사들을 집으로 들였다. 부상자들과 굶주린 병사들이 발코니를 통해 "거실"로 뛰어들었다. 어머니는 그들을 치료했고, 고르디따도 주었다. 그것은 당시에 코요아칸에서 구할 수 있는 유일한 식량이었다. 우리 자매는 총 넷이었다. 마틸다 아드리, 나(프리다), 그리고 크리스티, 꼬맹이(나중에 설명하겠다). 멕시코 혁명에 대해 내가 가지고 있는 분명하고 명료한 감정은 나를 13세에 청년 공산당원으로 입당하게 만들었다.

1914년에는 더 이상 총성이 들리지 않았다. 내게는 아직도 그 엄청난 소리가 들린다. 코요아칸의 — 시장 — 에서는 포사다(Posada)가 편집한, 사파타를 위한 노래와 선전(宣傳)이 한창이었다. 그 노래책이 금요일마다 1센타보에 팔렸다. 나와 크리스티는 호두나무 냄새가 나는 옷장에 숨어 그 노래를 부르곤 했다. 그러는 사이, 어머니와 아버지는 우리가 게릴라에게 잡혀가지 않도록 주의를 기울였다. 나는 부상당한 카란사 병사가 험한 코요아칸 강 쪽으로 뛰어가던 모습을 기억한다.

"내 삶의 도표"라는 문구에서 드러나듯, 실제로 유년과 가족에 대한 추억을 아련히 회상하는 글이다. 본문에 표기된 일자들로 추정하면 대략 1910년~1914년 당시의 이야기인 듯하다. 특히나 사파타 병사들(Zapatistas)[2]에 대해 가장 많은 장을 할애하고 있다. 그녀가 네 살이었을 당시 멕시코에서 "비극의 열흘(La Decena Tragica)"이 발발한다. 그녀의 어머니는 부상당하고 굶주린 사파타 병사들을 집으로 들였고, 당시 코요아칸에서 매우 구하기 힘들었던 고르디따(Gordita)[3]까지 주었다고 한다. 어린 그녀에게 이러한 혁명의 정경은 굉장히 인상 깊었던 모양이다. 뇌리에 각인된 당시의 분위기, 그 강렬함에 이끌려 추후 그녀는 멕시코 청년 공산당원으로 가입까지 한다.

---

1   1913년 2월 9일~2월19일, 멕시코 혁명의 과정에서 일어난 프란시스코 I. 마데로군과 포르피리오 디아스의 조카인 펠릭스 디아스의 반란군 사이에서 일어난 전투

2   사파티스타. 멕시코 혁명 지도자들 중 한 명인 에밀리아노 사파타(Emiliano Zapata) 휘하 병사들을 일컫는 말

3   두툼하고 작은 크기의 옥수수 반죽 안에 양념 조리된 재료를 넣고 튀겨낸 멕시코 요리

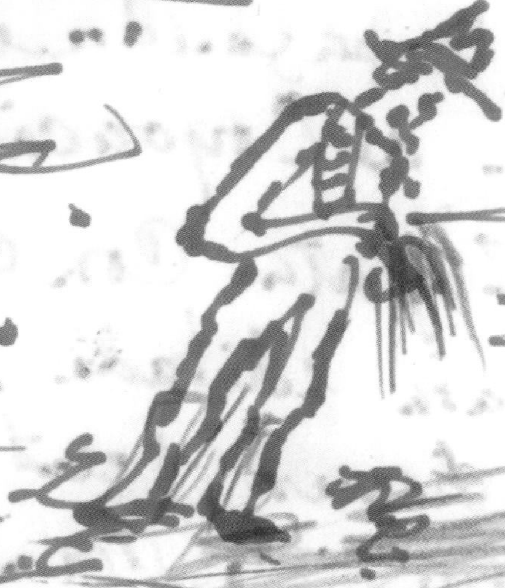

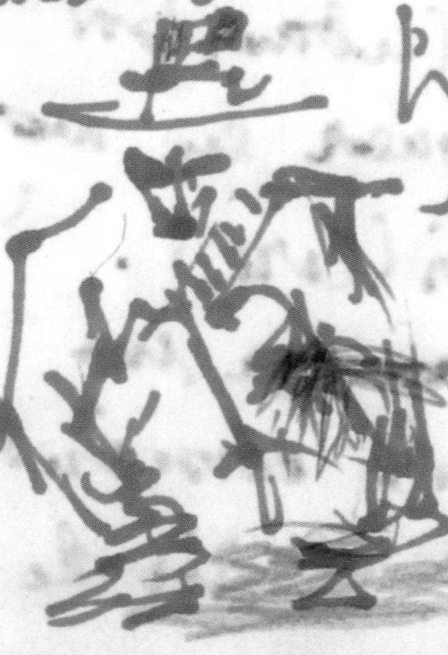

1914년
강.

내가 그(카란사 병사)를 염탐하던
창문.
한 쪽 다리에 총상을 입은, 쪼그린 채 가죽
샌들을 신고 있는
또 다른 사파타 병사

부상당한 카란사 병사(Carrancista)*와 사파타 병사를 묘사하고 있다.

＊　카란시스타. 멕시코 혁명 지도자들 중 한 명인 베누스티아노 카란사(Venustiano Carranza) 휘하의 병사들을 일컫는 말

어제, 1953년 5월 7일, 돌로 만든 타일에 넘어지면서 한 쪽 엉덩이(개의 엉덩이)*에 바늘이 박혔다. 나는 즉시 구급차에 실려 병원으로 갔다. 엄청난 통증 때문에 집에서 잉글레스 병원으로 가는 내내 소리를 질렀다. – 엑스레이 촬영을 했다. – 바늘을 찾아냈다. 그리고 곧 자석으로 그것을 꺼낼 것이다. 내 사랑, 내 인생의 전부인 디에고에게 감사하고, 의사 선생님들께도 감사한다

"어제, 1953년 5월 7일"로 시작한다. 화장실에서 넘어지면서 벌어진 일련의 사건에 대해 서술하고 있다. 어렴풋이 뒷장의 그림이 비쳐 보인다.

* 당시 프리다는 너무나 여위었다. 앙상한 자신의 엉덩이를 "개의 엉덩이"로 비유한 것이다.

Ayer siete de Mayo de
1953. al caerme en
las baldosas de piedra
se me enterró en una
nalga (nalga de perro)
una ahuja. Me trajeron
inmediatamente al Hospital
en una ambulancia
sufriendo enormes dolores
y gritando en la distan
cia de casa al Hospital
Inglés — me tomaron
una radiografía — varias
localizaron la ahuja y
me la van a sacar unos
de estos días con imán.
Gracias a mi Diego
Amor de toda mi vida
Gracias a los Doctores

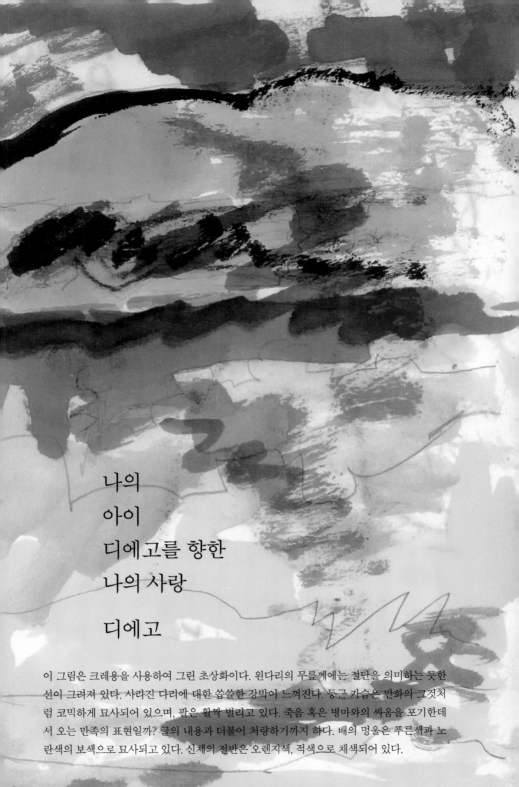

나의
아이
디에고를 향한
나의 사랑

디에고

이 그림은 크레용을 사용하여 그린 초상화이다. 왼다리의 무릎께에는 절단을 의미하는 듯한 선이 그려져 있다. 사라진 다리에 대한 쓸쓸한 강박이 느껴진다. 둥근 가슴은 만화의 그것처럼 코믹하게 묘사되어 있으며, 팔은 활짝 벌리고 있다. 죽음 혹은 병마와의 싸움을 포기한데서 오는 만족의 표현일까? 글의 내용과 더불어 처량하기까지 하다. 배의 멍울은 푸른색과 노란색의 보색으로 묘사되고 있다. 신체의 절반은 오렌지색, 적색으로 채색되어 있다.

Farill — Gluestler — Párres
y el Doctor Enrique Palomera
Sanche Palomera.
Gracias a las enfermeras
a los camilleros a las
afanadoras y mozos del
Hospital Inglés — Por y las.
Gracias al Dr Polo
a naramb al Dr Polo
a mi fuerza se
Ya mi fuerza se
Voluntad?

Espero alegre la
la salida — y espero
no volver jamas
FRIDA

파릴 – 글루스커 – 파레스
그리고 엔리케 팔로메라 박사.
산체스 팔로메라.
잉글레스 병원의 간호사들과 운반꾼들, 잡
역부들과 인부들에게 감사한다 –
바르가스 박사, 나바로 박사, 폴로 박사, 그
리고 내 의지에도 감사한다.
나의 외출이 행복하기를 –
그리고 결코 돌아오지 않기를 –
프리다.

일기에 실린 프리다의 마지막 글이다. 그녀의 병환은 다시 깊어졌고, 너무나 쇠약해진 그녀를
파릴 박사 등의 많은 사람들이 순수한 마음으로 도와주었다. "나의 외출이 행복하기를, 그리고
결코 돌아오지 않기를"이라는 문장은 의미심장하고, 쓸쓸하다. 사실 이 문장에 특별한 의미는
없다. 단지 퇴원에 대한 후련함, 그리고 다시는 병원에 돌아오고 싶지 않다는 감정을 말한 것
뿐이다. 하지만 그녀가 처한 상황과 문장이 절묘하게 어우러지면서 의미심장한 뉘앙스를 띤
것이다. 이 문장 때문에 그녀가 사망했을 때 자살이 아니냐는 의혹이 불거지기도 했다.

의족을 한 프리다의 모습이다. 의족은 마치 나무 조각처럼 초라하다. 화살표에 전신을 찔리고 있는 그녀는 못 박힌 예수처럼 쓸쓸히 어딘가를 응시하고 있다.

화살표가 가리키는 곳은 실제 그녀가 수술을 했던 부분이기도 하다. 즉, 그녀는 전신에 안 아픈 곳이 없는 지경이었던 것이다. 눈에서 흐르는 눈물이 고통의 깊이를 말해주고 있다.

질투하는 여자

ENVIDIOSA

프리다의 자화상이다. 전체적인 분위기나 색조가 192페이지의 그림과 비슷한데, 얼굴이 나뉘지 않고 하나로 온전하다는 점에서 차이가 있다. 얼굴은 녹색으로 채색되었으며, 하단에 역시 녹색으로 표기한 글씨와 균형을 이룬다. 멕시코에서 녹색은 일반적으로 "질투"를 의미한다. 배경은 노란색으로 채색되었는데, 37페이지에서 설명된 바와 같이 노란색은 "병(病)"을 말한다. 이와 같은 요소들이 조화되어 아주 미스터리한 분위기를 연출하고 있다. 그녀의 목 부분에 그려진 태극은 풍부한 의미를 지닌 상징이다. 프리다에게 많은 영감을 주었던 아즈텍의 이원론적 세계관은 그녀가 세상을 바라보는 관점이기도 했다. 그녀는 태양과 달, 즉 어둠과 빛의 두 힘이 세상에 균형을 가지고 온다고 생각했다. 이와 같은 의미를 지닌 태극을 자신의 몸에 그려 넣었다는 것, 이것은 마지막 가는 길에서만큼은 삶에 대한 질투, 즉 미련에서 벗어나 균형과 평화를 바랐던 그녀의 심정을 대변해준다.

이전까지 일기에 그린 그림들과는 전혀 다른 그림이다. 검은 잉크로 굵게 붓터치 하였으며, 구도는 상하로 구분되어 있다. 사물 묘사도 단순하다. 상단의 하늘은 짙은 푸른색으로 채색되었고, 중앙의 건물은 전체 그림의 구도와 마찬가지로 상하가 구분되어 있다. 대비색인 녹색과 적색으로 채색되어 있다. 중앙 하단에는 여윈 말이 달리고 있는데, 그림자가 이 말에만 드리워 있어 그림 전체에 깊이를 준다. 전체적으로 아주 고독하고, 종말론적인 분위기가 물씬 풍긴다.

292~293페이지는 프리다의 일기 마지막 장을 장식하는 그림들이다. 그녀가 죽기 전에 바로 그렸던 것으로 추정된다.

그녀의 건강은 갈수록 악화된다. 1951년 이후에는 진통제 없이는 작품을 만들 수 없을 정도였다. 이로 인해 후반으로 갈수록 점점 작품들에서 세밀함이 떨어지는데, 292페이지의 그림도 이러한 경향을 그대로 드러낸다. 붓질에서 정밀함이 떨어진 것이 확연히 보인다. 마치 세상의 종말 혹은 혼돈의 세계를 그리고 있는 듯하다. 태양은 얼핏 윤곽만 보이고 장밋빛 광선은 희미하게 비친다. 커다란 물방울, 즉 비가 떨어진 자리에는 어둠이 쌓인다. 그 밑에서는 날개 달린 천사가 날고 있다.

293페이지에서 묘사되고 있는 초록색 날개를 단 인물은 하늘의 대사(천사)이지만, 붉은 잉크로 인해 피로 얼룩진 듯하다. 다리는 또 검은 것이 프리다를 떠올리게 한다. 그녀는 늘 죽음을 비웃었지만, 두려움은 어쩔 수 없었던 모양이다. 그토록 거부했던 그 죽음이 결국은 고통 속에서 다가오고 있는 듯한 모습이다.

프리다는 그녀의 짧은 인생을 "있는 그대로" 표현한 화가이다. 그녀는 "사람들은 내가 초현실주의자라고 생각한다, 그러나 나는 결코 꿈을 그리지 않았다. 나는 바로 나의 현실을 그렸다"라고 말했다. 즉, 그녀의 그림은 환상과 현실을 오가는 듯했지만, 사실 이는 "현실만을" 그린 것이다. 「타임지」는 위와 같은 그녀의 발언과 함께 위대한 화가의 죽음을 알렸다.

CHRONOLOGY

1907

7월 6일, 멕시코시티 교외 코요아칸에서 독일 출신의
사진사인 아버지와 멕시코 출신 어머니 사이의 네 딸
중 셋째 딸로 출생.
아버지가 지은 카사 아술(푸른 집)에서 성장.

1910

멕시코 혁명이 일어난 1910년을 프리다 칼로 자신의 출
생연도로 정하기로 함

1913

소아마비로 오른발이 더디게 성장

1922

멕시코 최고의 명문 국립예비학교에 입학하여 의학도
의 꿈을 키워나감.
멕시코 교육부 청사 벽화 작업 중이던 디에고 리베라와
의 첫 만남.

1925

9월 17일, 남자친구와 함께 타고 있던 버스가 전차와
충돌하여 왼쪽 다리, 왼쪽 어깨, 오른발, 요추, 골반, 쇄
골, 갈비뼈, 치골 등이 탈골되거나 골절되었고, 철제 손
잡이 봉이 허리에서 자궁까지 관통하는 끔찍한 사고가
일어남.

1926

〈벨벳 드레스를 입은 자화상〉을 그림.

1928

멕시코 공산당 가입.
디에고 리베라와 재회, 사랑에 빠짐.

1929

8월 21일, 스물한 살 연상인 마흔두 살의 디에고 리베라와 결혼해 그의 세 번째 부인이 됨.
디에고 리베라의 공산당 제명 후 프리다도 자진 탈당.

1930

골반 기형으로 인한 첫 유산.
디에고 리베라의 미국 벽화작업 때문에 함께 도미.

1931

프리다 칼로에게 평생 좋은 친구이자 주치의가 되어준 레오 엘뢰서(Leo Eloesser) 박사와의 만남.
오른쪽 다리의 기형 정도와 통증이 심해져 7월에 잠시 귀국.

1932

두 번째 임신. 두 번째 유산.
디에고에게 들어온 록펠러 재단의 벽화제작 요청으로 뉴욕행.
9월 15일, 어머니가 돌아가심.

1934

멕시코로 귀국.
세 번째 유산과 오른쪽 다리 수술로 고통을 겪음.
동생 크리스티나와 디에고 리베라의 외도를 알게 됨.

1935

홀로 뉴욕행. 일본계 미국인 조각가 이사무 노구치(Isamu Noguchi)와 만나 사랑에 빠짐.
디에고 리베라와 별거.

1937

1월 9일, 멕시코로 망명한 혁명가 레온 트로츠키(Leon Trotsky) 부부가 카사 아술(푸른 집)에 머뭄.
트로츠키(Leon Trotsky)와 사랑에 빠지며, 그를 통해 러시아어에 관심을 갖기 시작함.

1938

프랑스 초현실주의 거장 앙드레 브레통(André Breton)이 프리다 칼로의 그림을 보고 찬사를 보내며 파리에서의 전시를 제안.
뉴욕의 줄리안 레비 갤러리에서 첫 개인전.
사진작가 니콜라스 머레이(Nikcolás Muray)와 사랑에 빠짐.

1939

앙드레 브레통의 주선으로 파리의 르누 앤 콜 갤러리에서 "멕시크(Mexique)"전 참여. 공예품, 봉헌화 등 18점 전시.
20세기 멕시코 화가 최초로 루브르 미술관에 그림이 소장됨.
디에고 리베라와의 관계가 악화되면서 〈두 명의 프리다〉를 그림.
니콜라스 머레이(Nikcolás Muray)와 결별
11월 6일 디에고 리베라와 이혼.

1940

멕시코시티에서 개최된 국제 초현실주의 전시에 칼로의 작품 〈두 명의 프리다〉와 〈상처받은 식탁〉 출품.
9월, 샌프란시스코에서 척추 수술.
12월 8일, 디에고 리베라와 재결합.

1941

4월 14일, 아버지가 돌아가심.
코요아칸의 카사 아술(푸른 집)에 정착.
보스턴에서 열린 현대 미술전 참가.

1942

뉴욕 현대미술관에서 열린 "20세기의 자화상"전에 출품.

1943

라 에스메랄다 국립미술학교 교사로 임명.
필라델피아 미술관 "오늘날의 멕시코 미술", 뉴욕 페기 구겐하임 화랑 "31명의 여성"전 참가.

1944

일기를 쓰기 시작함.
〈부서진 척추〉 작품 완성.

1946

멕시코시티 왕립미술관 국립전시회에서 〈모세〉로 교육
부장관상 수상.
7월, 대규모 척추수술을 받음.

1947

국립미술학교에서 열린 "18-20세기 멕시코 화가들의
자화상 45점"전에 〈테우아나를 입은 자화상(내 마음 속의
디에고)〉 출품.

1949

멕시코 살롱 개막전에서 〈우주, 대지(멕시코), 나, 디에고,
세뇨르 솔로틀의 사랑의 포옹〉 전시.
오른발에 괴저병이 발생하여 멕시코의 영국병원에서 9
개월간 입원.

1952

2년 동안 13점의 정물화를 완성.

1953

멕시코에서는 최초로 프리다 칼로의 개인전 개최. 개막
일에 구급차로 이동하여 참석.
7월 27일, 영국병원에 재입원. 이후 오른쪽 다리를 무릎
까지 절단하는 수술을 받음.

1954

〈인생 만세〉 작품 완성.
7월 2일, 과테말라 좌파 대통령 지지 집회 참여 후 폐렴
재발.
7월 13일, 47세 나이로 자신의 집에서 사망. 화장 후 카
사 아술(푸른 집)에 유골 안치.

PHOTOGRAPH CREDITS

P. 146 © 2014. Jardin La Casa Azul. Mexico. JINOG AHN's personal Photo.
P. 157 © 1950. Diego Rivera en la terraza de la casa azul.Reproduccion Facsimilar Gabriel Figueroa. Cortesia Museo Dolores Olmedo.
P. 218 © 1930. Frida embarazada, jugando con un perro, Coyoacán, Ciudad de México. Reproduccion Facsimilar Gabriel Figueroa. Cortesia Museo Dolores Olmedo.
P. 295 © 1950. Frida en la Casa Azul. Reproduccion Facsimilar Gabriel Figueroa. Cortesia Museo Dolores Olmedo.
P. 296 © 1909. Frida a los dos Años. Guillermo Kahlo. Reproduccion Facsimilar Gabriel Figueroa. Cortesia Museo Dolores Olmedo.
    © 1911. Frida a los cuatro Años. Guillermo Kahlo. Reproduccion Facsimilar Gabriel Figueroa. Cortesia Museo Dolores Olmedo.
    © 1926. Frida Kahlo. Guillermo Kahlo. Reproduccion Facsimilar Gabriel Figueroa. Cortesia Museo Dolores Olmedo.
P. 297 © 1929. Diego Rivera y Frida Kahlo el día de su boda, 21 de agosto de 1929. Reproduccion Facsimilar Gabriel Figueroa. Cortesia Museo Dolores Olmedo.
    © 1932. Frida Kahlo en el Instituto de Arte de Detroit, Michigan,1932. Reproduccion Facsimilar Gabriel Figueroa. Cortesia Museo Dolores Olmedo.
    © 1932. Cabeza de Frida, San Francisco, California, 1931.Detalle de la foto Frida y Diego. Reproduccion Facsimilar Gabriel Figueroa. Cortesia Museo Dolores Olmedo.
P. 298 © 1932. Frida Kahlo, 16 de octubre de 1932. Guillermo Kahlo. Reproduccion Facsimilar Gabriel Figueroa. Cortesia Museo Dolores Olmedo.
    © 1933. Frida 1933.Reproduccion Facsimilar Gabriel Figueroa. Cortesia Museo Dolores Olmedo.
    © 1938. Frida Kahlo llegando a Nueva York.Reproduccion Facsimilar Gabriel Figueroa. Cortesia Museo Dolores Olmedo.
P. 299 © 1940. Frida frente al boceto del panel central del mural Pan - American Unity, en el Auditorio del San Francisco City Collage. California. Reproduccion Facsimilar Gabriel Figueroa. Cortesia Museo Dolores Olmedo.
    © 1946. Frida en el hospital en New York, 1946. Nickolas Muray. Reproduccion Facsimilar Gabriel Figueroa. Cortesia Museo Dolores Olmedo.
    © 1949. Frida en su estudio, ca. 1949. Antonio Kahlo, hijo de Cristian Kahlo. Reproduccion Facsimilar Gabriel Figueroa. Cortesia Museo Dolores Olmedo.

SELECTED BIBLIOGRAPHY

Herrera, Hayden. Frida: A Bibliography of Frida Kahlo. New York: Harper & Row, 1983
Lowe, Sarah M. Frida Kahlo. New York: Universe, 1991.
Prignitz- Poda, Helga, Salomon Grimberg and Andrea Kettenmann, eds. Frida Kahlo: Das Gesamtwerk. Frankfurt am Main: Verlag Neue Kritik, FG 1988.
Raoul, Valerie "Women and Diaries: Gender and Genre", Mosaic 22/3 (Summer 1989): 57-65.
Tibol, Raquel. Frida Kahlo: Cronica, Testimonios y Aproximaciones. Mexico City: Editorial de Cultura Popular, 1977.
Tibol, Raquel. Frida Kahlo: Una Vida Abierta. Mexico City: Editorial Oasis, 1983.
Zamora, Martha. Frida Kahlo: The Brush of Anguish. San Francisco: Chronicle Books, 1990.
Gaëlle Hourdin 1 Modesta Suarez El "Diario-paleta" de Frida Kahlo (1944-1954). FRAMESPA - FRAnce MEridionale ESPAgne. Histoire des sociétés du Moyen Age à époque contemporaine.
Kahlo, Frida. El diario de Frida Kahlo. Un íntimo autorretrato. La Vaca Independiente / Harry N. Abrams. INC. Mexico, 1995.